# Une année
# d'itinérance solidaire

# Agathe et Thibault MOUGINOT

# Une année d'itinérance solidaire

Se divertir, cultiver, exister, accueillir, travailler, se construire, être digne, apprendre, s'intégrer ENSEMBLE

Éditeur : Books on Demand
12/14 rond-point des Champs Élysées, 75008 Paris
Impression : Bod – Books on Demand, Allemagne

ISBN : 978-2-322-16639-8

Dépôt légal : novembre 2018

# Avant-Propos

Nous sommes Agathe et Thibault Mouginot, un jeune couple marié originaire de Franche-Comté, âgés de 26 et 27 ans au moment du démarrage du projet en 2016.

Agathe a fait ses études dans la coordination de projets de solidarité internationale et locale. Thibault a étudié dans l'hygiène, la sécurité et l'environnement. Puis, nous avons voyagé un an en Australie. Ensuite, nous sommes arrivés, par hasard, en Bourgogne pour le travail. Là-bas, nous avons tous les deux été embauchés par l'association « Les Ateliers Nomades », en tant qu'animateur de projets sociaux. Le début d'une reconversion professionnelle pour Thibault.

Nous souhaitions repartir à l'étranger pour vivre cette fois-ci une mission solidaire. Nous voulions nous engager en tant que Volontaires de Solidarité Internationale. Nos recherches nous ont finalement orientés vers d'autres horizons. Ce livre raconte cette nouvelle aventure !

PREMIERE PARTIE

# En France

8

# 1

# Le déclic

Juillet 2015, arrive ce mail tant attendu depuis des mois. Où allons-nous partir ? Afrique ? Amérique Latine ? Asie ? Peut-être nous ne connaissons même pas de nom le pays où nous devrons aller. Quelle langue ou dialecte devons-nous apprendre ?

Nous ouvrons ce mail et la réponse nous laisse un goût amer. L'ONG ne nous a pas trouvé de mission pour partir en tant que Volontaire de Solidarité Internationale. Il faudra attendre à nouveau la prochaine session de formation, six mois plus tard. La déception est présente évidemment car c'est un véritable projet de couple dans lequel on souhaite s'engager pour nos deux prochaines années. Il faudra patienter. Ça va être long, très long !

Nous reprenons notre quotidien avec les activités, le boulot à l'association qui nous plaît beaucoup. De nouveaux projets s'improvisent pour les six prochains mois comme l'organisation précipitée de notre voyage de noce en Croatie, en remplacement de notre stage de formation auquel nous aurions pu participer en cas de réponse positive du mail. Plus l'échéance de la prochaine session de formation approche, plus le stress est présent.

Les proches nous questionnent et nous redoutons de plus en plus cette question "alors des nouvelles de l'ONG ?". Non toujours rien. Et si l'ONG ne nous trouve jamais de mission ? Combien de temps devons-nous encore attendre ? Les questions sont bien là et les doutes aussi.

Lors d'un après-midi de septembre, nous décidons de nous poser pour faire le point sur la suite. Sans se concerter, nous écrivons chacun sur une feuille les trois situations possibles pour nos prochaines années. Nous nous prêtons, tous les deux, sérieusement à l'exercice comme si notre vie dépendait des choix que nous allions écrire sur ces feuilles blanches. Que va écrire l'autre ? Quelles sont réellement ses envies ? Ne serait-il pas préférable de chercher chacun un CDI ? Fonder une famille ? Trouver une maison ? Dans le silence qui règne dans l'appartement, chacun de nous deux réfléchit sur ces priorités.

Après un long temps de réflexion, le moment est venu d'exposer ses projets à l'autre. Tous les deux avions écrit "partir en Volontariat de Solidarité Internationale" tout en sachant au fond de nous que les chances de partir avec l'ONG sont de plus en plus réduites. Aucun de nous deux n'évoque l'envie de se poser en France. L'envie de découvrir le monde reste le fil rouge de nos idées. Agathe propose de chercher une mission de bénévolat en regardant si c'est viable financièrement sur un an. Thibault donne l'idée de partir deux mois en Afrique et ensuite trouver des contacts pour rester plus longtemps sur place.

Puis Agathe exprime l'idée de "voyage solidaire itinérant". Cette phrase nous laisse perplexe. Avons-nous vraiment le droit d'y croire ? N'est-ce pas trop ambitieux ? N'est-ce pas un peu utopique ? Et finalement pourquoi pas ? Pourquoi ne pas construire nous-même notre propre mission solidaire de A à Z.

Cette idée nous emmène dans une euphorie sans limite où tout nous paraît possible. On laisse notre imagination déborder sur nos projets. On se sent heureux et soulagés d'avoir trouvé un projet où tout dépendra de notre volonté de réussir et non de l'attente d'une ONG. Nous n'en voulons pas à l'ONG car nous connaissons les difficultés à trouver des missions pour tous ceux qui souhaitent s'engager. Nous savons qu'elle agit en fonction des besoins sur place à l'étranger et non pour satisfaire chaque personne qui souhaite s'investir dans la solidarité internationale.

Notre projet, encore très flou pour le moment, nous redonne de l'énergie et de l'espoir pour notre avenir mais cela nous fait peur à la fois. Comment s'y prendre ? Par où commencer ?

Nous parlons autour de nous de cette envie de combiner voyage et solidarité mais aussi animation et vidéo, quatre aspects qui nous tiennent à cœur et qui sont en lien avec nos parcours professionnels et personnels. Nous apprécions beaucoup l'intérêt que portent nos familles, amis, collègues à rendre ce projet flou plus concret. Aucun d'eux ne nous fait comprendre que c'est impossible. Ambitieux oui mais pas impossible. Notre entourage semble même intéressé de participer d'une manière ou d'une autre, à cette nouvelle aventure qui pour le moment n'a pas de nom.

En parlant de notre projet, nous réalisons que dans notre monde actuel, avec les actualités effrayantes, il est bon de s'accrocher à des rêves et des initiatives positives. Très rapidement nous voulons faire un projet autour du vivre ensemble. C'est même une évidence pour les deux, certainement due au travail social que nous menions ensemble avec l'association à Autun. Nous avions l'envie d'aborder les côtés positifs et touchants qui réunissent les Hommes.

Arrive janvier, l'échéance donnée par l'ONG. N'ayant pas eu de nouvelles plus tôt nous comprenons rapidement que le mail reçu ne nous annoncera pas un départ. En effet, pas de mission pour nous. L'ONG nous ajoute même qu'il est préférable de passer à autre chose pour éviter de patienter encore six mois. On se regarde et on sourit.

Alors que nous devrions être déçus nous voilà souriant. Pour finir, notre nouveau projet sans nom a pris beaucoup de place dans nos têtes. Ce mail nous apparaît donc comme un signal "allez-y, foncez pour passer à autre chose". Et voilà que l'aventure commence. Tant d'excitation pour cette nouvelle aventure hors norme. Mais par où commencer ? Créons-nous une association ? Quel nom donner ? Pour quoi faire exactement ? L'envie de créer une association fut une évidence car voulant aborder la thématique du vivre ensemble nous ne voulions pas être seulement à deux sur cette aventure. La volonté de créer une dynamique sur du long terme a été aussi une raison à la création d'une association.

Agathe : « *En janvier, pendant une semaine, le buffet de l'appartement se transforme en boîte à idées. Les papiers bleus pour les idées de noms à notre nouvelle aventure et les papiers blancs pour toutes les choses à penser pour le projet. Nous inscrivons toutes les informations possibles, du pratique à l'imaginatif.* »

Thibault : « *Alors qu'Agathe se voit déjà animer des grands jeux, organiser des olympiades et proposer des séances de théâtre, moi, sans nous concerter, je suis déjà à fond dans la réalisation du logo et du site internet. Le nom de l'association se profile peu à peu dans nos têtes quand nous évoquons le projet. Je souhaite finaliser ces outils de communication car pour moi cela rend le projet réel, il prend forme en même temps que le logo se dessine.* »

Tout commence à s'éclaircir dans nos esprits. Notre nouvelle association aura comme objectif de développer le mieux vivre ensemble à travers le monde. Pour cela, le projet consistera à valoriser en images des initiatives collectives dans le monde, avec la volonté de réaliser un film documentaire à notre échelle. Nous chercherons des associations qui interviennent, dans divers domaines, pour améliorer le vivre ensemble. Nous irons sur place les rencontrer, pour partager leur quotidien et s'imprégner pleinement de leur projet. Le projet aura aussi pour but d'exprimer le vivre ensemble avec un sac à dos rempli de jeux et d'activités pour provoquer l'échange et la rencontre. Nous l'appellerons le « bagage à partage ». Nous animerons des temps ludiques pour créer du lien avec et entre les personnes que nous allons rencontrer. Dans le bagage, il y aura des jeux de société, des jeux coopératifs, des jeux de plein air, des casse-têtes, des activités manuelles, …

Les amis, la famille et les collègues nous suivent et nous soutiennent en formant autour de nous un Conseil d'Administration rassurant et enthousiaste.

Et ça y est, depuis février 2016 notre aventure a un nom, celui que porte l'association : « La vie des Autres ».

2

# Construction du projet, se divertir et cultiver ensemble

**De février 2016 au 11 janvier 2017**

**Le partenaire : Les Ateliers Nomades**

Cette association, créée en 2009, a pour objectif de développer des projets sociaux sur Autun, en Bourgogne. Des projets comme les jardins partagés, l'atelier coopératif de réparation de vélos, la promotion des mobilités douces, le développement des sports nature pour tous, le lieu participatif, ...

**Les projets valorisés :
Le cocon et les jardins partagés**

Le COCON est le nom du lieu participatif qui s'est ouvert en 2015 sur le quartier prioritaire de Saint Pantaléon, à Autun. Ce lieu permet d'organiser, avec et pour les habitants, des projets et des activités selon leurs besoins comme des ateliers chant, théâtre, repas partagés, sorties, tricot ... Un lieu pour sortir de l'isolement et créer du lien sur le quartier.

Les jardins partagés Noisettes et Tournesols se trouvent dans ce même quartier, au milieu des immeubles. Un espace pour cultiver, apprendre, échanger entre voisins.

*

Maintenant que l'aventure est lancée nous n'avons pas d'autres motivations que d'aller jusqu'au bout. Il nous reste à tous les deux un peu moins d'un an avant la fin de notre contrat aidé avec "les Ateliers Nomades", association dans laquelle nous travaillons sur Autun. Cela nous laisse du temps pour préparer notre projet personnel avec "La Vie des Autres".

Nous allons vite nous rendre compte que notre double position entre l'association professionnelle et l'association personnelle va s'entremêler au fil des mois. Nous jonglons d'un dossier de subvention pour le travail la journée à un autre dossier de subvention pour le projet de "La vie des Autres" le soir.

Nous trouvons rapidement un équilibre et une possibilité de combiner les deux en grande partie grâce à la souplesse de notre chef Karim. Notre amitié et confiance mutuelle nous permettent de poursuivre notre projet personnel avec un soutien continu et sincère de sa part.

Au fur et à mesure des mois nous concrétisons notre aventure par la finalisation des outils de communication (site internet, logo, flyer), par la recherche et l'écriture de dossiers pour des entreprises ou encore pour des subventions publiques et nous approfondissons aussi le lien avec notre conseil d'administration constitué de nos proches.

Nous sommes rapidement plongés dans la recherche d'associations partenaires pour l'étranger, afin d'avoir un soutien local une fois sur place. La volonté de présenter le vivre ensemble à travers le monde nous demande de chercher des contacts de différentes cultures. Pour cela, nous souhaitons rapidement cibler trois pays de trois continents différents : Asie, Amérique Latine et Afrique. Nous orientons nos recherches sur des projets collectifs sur ces trois continents, tout d'abord en nous intéressant aux associations existantes dans notre région, puis plus largement sur Internet.

Avant même la création de notre association « La vie des Autres », il était d'une évidence pour nous deux, que notre projet ne devait pas seulement s'intéresser à ce qui se passe ailleurs dans le monde mais aussi valoriser ce qui existe chez nous en France. C'est au sein même de la ville où nous habitons, à Autun, que nous commençons notre aventure. Depuis un an, avec notre travail, nous avons ouvert un lieu participatif sur le quartier prioritaire de Saint Pantaléon, appelé le Cocon. La volonté de ce lieu est de laisser une vraie place à l'entraide, au collectif et à l'implication par et pour les habitants. Le Cocon est un réel projet de vivre ensemble auquel nous souhaitons nous intéresser pour notre association personnelle "La vie des Autres".

*

Avril 2016. Voilà maintenant un an que le Cocon est ouvert. L'occasion de fêter cela et de voir les habitants impliqués dans ce projet. Des habitants que nous nous faisons un plaisir de retrouver régulièrement. Cette journée festive pour le premier anniversaire du Cocon sera le reflet de l'atmosphère que les habitants ont créée au sein de ce lieu participatif. Tout au long de la journée, la bonne humeur, le partage sont au rendez-vous pour les quatre-vingts personnes présentes. Une formidable occasion de montrer ce qui a été fait durant cette année. Les habitués, essentiellement des femmes, se prennent au jeu et montrent ce qu'elles ont pu apprendre (chant, théâtre) et créer (tricots, peintures, décoration de la salle).

Thibault : « *Les femmes qui participent à l'atelier chant se sont mises à chanter. Elles interprètent des morceaux qui leur correspondent, chacune avec une grande émotion partagée. Je ressens beaucoup d'émotions notamment lorsque Carmen, l'une d'entre elle, entonne une chanson dédiée à son frère présent pour l'occasion.* »

On sent que tout le monde est heureux d'être là. C'est à partir de ce jour-là que nous parlons de notre projet de "La Vie Des Autres". Un double sentiment est né chez les habitants, celui de faire partie du projet mais aussi celui de se dire que cela signifiait que nous allions partir. Une très belle reconnaissance de la part de toutes ces belles personnes que nous sommes vraiment heureux de pouvoir impliquer dans notre aventure et avec qui nous avons vraiment créé des liens forts.

Mais de notre côté, cette journée, ne se termine pas comme prévue.

Agathe : « *Après la grande fête anniversaire du Cocon, nous rentrons heureux chez nous avec plein de belles images en poche. Une fois passé la porte de notre appartement, je n'ai qu'une hâte : regarder les*

*images de la journée. Il s'agit de nos premières
images pour notre projet avec La Vie des Autres.
L'ordinateur est ouvert et nous voilà les deux à découvrir les vidéos. Mais au bout de cinq vidéos aucun de
nous deux n'ose parler. Il y a un problème : aucun
son. Nous voyons les gens applaudir, rigoler, chanter,
tout cela sans son. Nous nous rendons compte que
nous avions mal branché le micro, il y avait un cran
en plus à actionner pour sa première utilisation. Nous
sommes vraiment déçus de ne pas avoir réussi à capturer ces moments. Il nous faut alors la soirée pour
digérer cette erreur de notre part. »*

Notre projet de "La vie des autres" maintenant
annoncé et exposé aux intéressés, nous prévoyons un
planning d'animations qui auront lieu au Cocon et qui
pourront être filmées. Nous allons aussi pouvoir passer sur les différents temps d'ouverture du Cocon lors
des ateliers ou lors des temps libres, les mercredis
après-midi, pour valoriser ce lieu.

Agathe : *« Pour notre premier jour d'animation,
nous proposons une séance "découverte du monde"
avec des jeux de mise en situation. Nous préparons la
musique et la salle du Cocon en fonction de nos jeux.
L'heure est bientôt là et je ne vois personne approcher
à travers la fenêtre. Seule une habitante arrive enfin.
Après quelques minutes d'attente nous décidons de
repousser notre animation. En appelant au téléphone
certains habitants, je comprends que la plupart profi-
tent ensemble d'un repas aux jardins partagés du
quartier. Il est vrai que le soleil est de nouveau au
rendez-vous après plusieurs jours d'absence. Nous
finissons donc par rejoindre le groupe d'habitants aux*

*jardins et nous profitons de ce début de soirée en toute simplicité avec eux. »*

Les habitués ont, au début, du mal à se souvenir des dates fixées ensemble, celles-ci n'étant pas régulières et pas sur un horaire fixe comme pour les autres ateliers.

Finalement nous prenons le temps d'informer les habitants deux ou trois jours avant les animations, dès lors, les personnes sont bel et bien présentes et nombreuses. La première animation c'est d'écrire une histoire par pays avec le même titre pour tout le monde : "Ils réalisent leur rêve". Nous prenons un moment pour réexpliquer notre projet et le lien que l'on souhaite créer entre les participants aux ateliers dans les différents pays. Tout le monde se prête au jeu et pour notre groupe en France, l'histoire ne met pas longtemps à se finaliser. Nous aurons même un joli poème en lien avec ce texte de la part d'une habitante, Sihem. Une belle réussite qui nous pousse à continuer sur cet élan participatif.

Nous organisons donc un après-midi découverte de jeux du monde, suivi d'un autre, avec un atelier travaux manuels. Lors de cette journée créative nous proposons notamment à chacun de réaliser un dessin évoquant le vivre ensemble et la création de fleurs à bonheur en papier.

Agathe : *« Lors de cette animation, j'assiste à un moment précis très attendrissant où j'entends deux enfants demander aux adultes "et toi c'est quoi ton petit bonheur " afin de les écrire pour compléter les pétales de leur fleur. »*

*

En même temps que nous animons et filmons au Cocon nous continuons de construire notre aventure. L'écriture des dossiers de subventions demandent beaucoup de temps les soirs et les week-ends. Nous savons que nous aurons de nombreuses réponses négatives avec notre projet qui peut sembler farfelu de l'extérieur. L'écriture de ces dossiers nous permet aussi de formaliser et pousser la réflexion sur notre aventure.

Très rapidement, ce sont les dons et adhésions qui font monter la cagnotte de l'association. Nous ressentons un sentiment de satisfaction d'être soutenus par notre entourage et même parfois par des personnes que nous connaissons peu.

Nous passons aussi beaucoup de temps à la recherche de partenaires étrangers. Il s'agit même d'une préoccupation presque continue pendant notre année de préparation. Sur Internet, dans nos réseaux, nous sommes à la recherche de projets collectifs à l'international avec la contrainte d'être différents les uns des autres. Il nous semble intéressant de valoriser dans notre film des projets variés pour aborder plusieurs aspects du vivre ensemble.

A chaque première prise de contact avec un nouveau partenaire, que ce soit sur Skype, par téléphone ou lors d'une rencontre directement chez le responsable de l'association, nous avons tous les deux une boule au ventre et beaucoup de questionnements en tête. Est-ce que l'association va trouver un intérêt à notre projet ? Est-ce qu'elle va souhaiter nous accueillir dans son pays ? Est-ce que de notre côté, nous allons découvrir que les actions de cette association vont bien répondre aux objectifs du projet ? Au fil des différentes discussions, nous sommes à chaque fois vite rassurés sur la possibilité de construire un partenariat avec telle ou telle association.

Très rapidement, c'est en Asie, plus précisément au Vietnam, que nous trouvons notre premier partenaire, grâce à la sœur d'Agathe qui a déjà vécu une courte expérience sur place. François-Xavier, le responsable en France de l'association, nous a vite encouragés à venir rencontrer l'ethnie minoritaire Bahnar vivant au centre du Vietnam.

Ensuite, c'est en Afrique que nous trouvons notre deuxième partenaire en contactant la responsable en France de l'association "Ensemble avec Madagascar". Leur projet d'école où les enfants apprennent ensemble à jardiner, utiliser un ordinateur, nous donne déjà envie de les rencontrer sur place et de proposer des ateliers.

Les mois de notre année de préparation avancent et nous n'avons toujours aucun contact en Amérique Latine. Le stress se fait sentir et dans les dossiers de subvention nous sommes malheureusement obligés d'écrire "Amérique Latine en cours de recherche". C'est en juin, tout à fait par hasard sur Internet que nous nous intéressons à une association au Pérou. Finalement le hasard fait bien les choses car la responsable de l'association en France habite dans le village des grands-parents de Thibault, ce qui nous donne une belle opportunité de la rencontrer directement chez elle.

*

Coté projet en France avec le Cocon, nous profitons des vacances d'été pour organiser un après-midi goûter et jeux collaboratifs avec un groupe de mamans et leurs enfants. L'organisation de cette animation est l'occasion de se rendre compte de la difficulté d'animer les ateliers jeux et de filmer en même temps. Il faudra dorénavant faire plus attention à ne pas multiplier les animations au même moment.

Pendant l'été, nous nous rendons plusieurs fois dans les jardins partagés du quartier afin de réaliser des vidéos sur ce projet. C'est une très bonne période car les jardins sont en fleurs et avec de beaux légumes. Un soir, nous revenons même avec de nombreux légumes que les habitants jardiniers nous ont si gentiment offerts. Lors de la période estivale, nous filmons aussi une journée de travaux collectifs. Tous les jardiniers se réunissent pour cultiver les parcelles collectives, pour aider sur les parcelles individuelles ceux qui ont besoin d'un coup de main, pour proposer des aménagements comme le jour de la réalisation d'un hôtel à insectes.

La fin de l'été approchant, la date de notre départ résonne dans nos têtes. Un mélange de sentiments entre excitation liée au projet et anxiété à l'idée de quitter notre vie Autunoise. Nous démarrons, en parallèle des temps d'animations, les interviews avec les personnes les plus impliquées au Cocon. L'occasion, là aussi, de partager des moments privilégiés.

Thibault : « *L'interview que nous faisons avec Pierrette me marque profondément. Entre confidences et reconnaissance mutuelle, autant de mots qui nous rapprochent encore plus. C'est pour moi, un instant important dans ma vie où je réalise qu'il suffit parfois de s'intéresser à quelqu'un pour en retour vivre des moments forts avec cette personne.* »

Nous comprenons que les interviews sont un vrai exercice pour toutes les participantes mais nous voyons leur plaisir à relever le défi. Elles nous préviennent auparavant qu'elles sont timides et pour finir, une fois que nous posons les premières questions elles nous parlent en toute simplicité. Parfois même, elles se confient en oubliant la caméra et nous disent en rigolant "ça ce n'est pas à mettre dans le film".

*

Fin août 2016, un fait divers attire notre attention. Deux jeunes français sont assassinés sur une plage de Madagascar. En temps normal, peut-être que cette information se serait noyée au milieu des autres mais là nous ne pouvons pas l'ignorer. Pour connaître la réalité sur place, nous décidons de contacter la responsable de l'association pour avoir son avis.

Agathe : « *Dès les premières minutes au téléphone, la responsable me confirme qu'il est préférable pour nous de ne pas venir, car l'insécurité augmente là-bas. J'apprécie beaucoup sa franchise mais le portrait de Madagascar qu'elle me décrit ensuite m'attriste beaucoup. Je ressens, dans sa voix et ses paroles sont désir que les choses changent mais cela demandera du temps. Je comprends que nous devons reprendre les recherches tout en gardant au coin de la tête une pensée pour ce pays oublié où les Malgaches sont livrés à eux-mêmes. »*

Au fil des semaines nous approfondissons nos recherches et nous avons l'impression de tourner en rond sur Internet. Après nous être renseignés sur les pays les plus sûrs d'Afrique nous ciblons nos recherches sur l'un des pays figurant en haut de la liste : l'île Maurice. Cela fait toujours rire les gens, nous les premiers, d'entendre que nous passons de Madagascar à une île reconnue très touristique.

En poussant nos recherches, nous lisons que l'île Maurice est un pays multiculturel avec une grande mixité sociale. Le mot "vivre ensemble" revient souvent dans les articles que nous lisons. En ciblant nos recherches dans ce pays nous avons un coup de cœur pour une association. Lors d'une conversation vidéo mi-octobre avec la responsable, vivant là-bas, nous concrétisons ensemble la possibilité de notre venue à notre grand soulagement. Nous comprenons aussi que l'aspect touristique de l'île peut cacher bien des difficultés et des inégalités pour les Mauriciens.

Souhaitant tout de même intégrer dans notre film un projet de culture d'Afrique noire, nous continuons nos recherches et nous trouvons un autre pays figurant dans la liste des pays sûrs d'Afrique. Ça sera le Sénégal même si une zone du pays n'est pas recommandée. Fin octobre 2016, nous prenons contact avec un sénégalais responsable d'une association à Louga. C'est difficile de demander un engagement avec nous pour début 2018 alors que nous n'avons pas encore passé la nouvelle année. L'entrevue à distance s'est avérée très positive et folklorique avec l'ambiance du cybercafé de la ville où il se trouvait.

Nous étions partis pour nous rendre dans trois pays mais en réalisant les démarches administratives concernant le visa, nous nous rendons compte qu'il est plus simple de ne rester que trois mois maximum dans un pays. N'ayant pas de contrainte de temps nous nous fixons la limite d'environ un an à l'étranger pour le projet. Au fur et à mesure des mois nous passons de trois pays, à quatre pays, à cinq pays et pour finir à sept pays sans compter le démarrage du projet en France. Nous choisissons donc de nous rendre dans un pays frontalier du Vietnam avec le Cambodge et des pays frontaliers du Pérou avec l'Équateur et la Bolivie pour découvrir d'autres projets mais sur une durée plus courte sans recherche de partenaires au préalable.

*

Au Cocon, avant notre départ, nous vivons encore, à de nombreuses reprises, des moments où nous partageons une reconnaissance mutuelle avec les habitants. Que ce soit par des mots, par ci par là, que les gens nous expriment ou par la soirée surprise qu'ils organisent tous ensemble pour nous.

Agathe : « *Début novembre, nous sommes invités par les habitants à venir avec nos jeux pour passer une soirée ensemble. Le soir venu, au moment de franchir la porte je remarque que les habitants sont nombreux. Ils nous emmènent alors dans une autre pièce où la surprise fait son effet. Ils ont passé l'après-midi, et même des journées auparavant, à aménager la salle avec les tables et des coins cosy avec canapés et ils ont aussi cuisiné différents plats à partager. Nous sommes touchés par leur implication pour nous préparer cette soirée de départ surprise. Nous avons droit à des cadeaux symboliques de la part des habitants et aussi à des chansons. Je me rappelle surtout de la chanson "au revoir nos chers animateurs" chantée en chœur. Chacun tenait une fleur à la main pour nous les offrir ensuite. En les écoutant, je n'ai pas pu retenir mes larmes, comme Thibault, et nous avons serré ensuite tout le monde dans nos bras. Je suis touchée par la reconnaissance de toutes les personnes présentes. »*

Fin novembre, juste une semaine avant notre départ d'Autun, nous organisons la première Assemblée Générale de l'association "La vie des autres" qui a surtout été une belle occasion de rassembler les gens.

Thibault : *« Ce samedi, nous présentons le projet dans son ensemble avec une certaine fierté d'avoir réussi à construire quelque chose de possible. Je suis très touché de voir devant moi nos amis, nos collègues, la famille et les habitants du quartier assister à la présentation de ce projet. Nous partageons un moment en toute simplicité avec un repas, quelques jeux, et de la musique pour danser. Ce soir-là, je remets à tous les bracelets symboliques, réalisés par deux femmes du Cocon, Yolande et Françoise. Ces bracelets, que nous offrirons dans chaque pays, représentent le lien entre toutes les personnes que nous allons rencontrer dans le monde. »*

Nous avons la volonté de garder le lien avec les habitants du Cocon et de les faire voyager avec nous l'année suivante. Pour cela, une femme du Cocon a confectionné un papillon en crochet. Dans chaque pays où nous irons, nous en profiterons donc pour prendre des photos avec le papillon et ainsi leur envoyer des nouvelles.

Il ne nous reste maintenant que quelques jours avant notre départ d'Autun et nous avons réussi à organiser in extremis, grâce à l'aide de la directrice, un après-midi avec les enfants du centre de loisirs du quartier de Saint Pantaléon à Autun. Ce temps d'échange avec les enfants était très touchant avec leurs milliers de questions. On leur propose de se mettre en lien avec une école au Pérou, un défi qu'ils souhaitent relever avec plaisir.

*

Début décembre, après trois ans sur Autun, il est maintenant temps de quitter cette ville et faire nos aux revoirs. Nous resterons en lien avec les habitants pendant le voyage et les emportons avec nous dans notre tête et dans notre bagage à partage avec le papillon en crochet que Nuria, une habitante, nous a fait et qui représente l'ensemble des membres du Cocon. C'est aussi très difficile de quitter nos collègues avec qui nous avons noué une vraie relation d'amitié.

Nous poursuivons les derniers préparatifs de retour chez nos parents avec en particulier une semaine d'emballage cadeaux dans un supermarché pour soutenir le budget de l'association.

Agathe : « *A l'approche de Noël, lors d'une journée aux emballages cadeaux, je commence une première phrase à un client pour expliquer l'objectif de notre association. Je n'ai même pas le temps de poursuivre que le monsieur m'interrompt pour me dire fermement qu'il est contre le vivre ensemble. A ce moment-là je ne pensais pas que l'on pouvait être contre. Mais justement l'intérêt de notre association est d'interpeller, créer le débat, échanger même si malheureusement je sais très bien que le temps que j'ai pour emballer son cadeau ne laisse pas beaucoup de minutes pour échanger.* »

Nous continuons ensuite les au revoir avec la famille lors des fêtes de fin d'année. Nous nous rendons compte qu'au final le plus dur dans le projet c'est de partir. Il faut accepter de quitter ses proches, son confort, ses repères. Avant de partir, on prend aussi toujours toutes les précautions pour éviter telle maladie ou tel accident et on finit presque les derniers jours à ne penser qu'au pire qu'il pourrait nous arriver.

Il est donc maintenant temps de partir et de poursuivre notre aventure vers d'autres horizons après un an de préparation et de projet en France.

DEUXIEME PARTIE

# Le Voyage

1

# Exister ensemble au Vietnam

## Du 12 janvier au 10 avril 2017

### Le partenaire : Association AMEV (Aide aux Minorités Ethniques du Vietnam)

L'association, créée en 1992, apporte son aide aux Bahnars par le suivi et le soutien de 35 étudiants du village pour aller à l'université, par des projets économiques avec le prêt de cochons, et la construction d'une ferme pour les cochons et sangliers sauvages, par l'accueil de Français pour découvrir leur culture, ... François-Xavier, le président, lui-même Bahnar, maintenant résidant en France, a une partie de sa famille au Vietnam vers Kontum dans le village de Kon Do Xing.

### Le projet valorisé : L'ethnie Bahnar

L'ethnie Bahnar est une ethnie minoritaire du centre du Vietnam. Aujourd'hui, cette ethnie est confrontée à la modernisation, une rupture avec le monde ancien des traditions. L'ethnie est sûrement vouée à disparaître au fil des années pour trouver sa place dans les musées. L'association AMEV permet de découvrir ses traditions de partage et de convivialité.

*

12 janvier 2017. Après vingt-quatre heures de voyage entre vols et escales, nous atterrissons au Nord du Vietnam, à Hanoï.

Arrivés au centre de la capitale par le bus, nous nous imprégnons directement de l'ambiance et de l'atmosphère locale. Les rues sont remplies de petits étals qui débordent sur le trottoir et qui laissent le peu de place restant aux scooters. Il faudra donc se contenter des bords de route pour marcher à Hanoï. Entre klaxons, circulation aléatoire, odeur des étals des restaurants meublés de petites chaises et tables, nous sommes vite plongés dans le bain Vietnamien. En visitant la ville à pied, nous nous rendons rapidement compte que le piéton n'est pas prioritaire. Ici, c'est la loi du plus fort. Même avec le marquage au sol du passage piéton nous devons faire attention en traversant. Nous apprenons vite à slalomer entre les nombreux scooters pour rejoindre le trottoir d'en face, d'autant qu'ici ces engins déboulent de partout même parfois à contre sens. Au feu rouge, si le petit bonhomme est vert pour traverser, il faut continuer à être vigilant car visiblement certains scooters s'autorisent à continuer malgré le feu au rouge pour eux. La circulation vietnamienne est anarchique et visiblement il est important d'avoir un bon klaxon avant d'avoir des phares. Le scooter étant le moyen de transport le plus utilisé ici, nous sommes vite surpris par les chargements atypiques que nous croisons.

Agathe : « *J'ai vu passer des scooters avec des canapés, une cargaison d'œufs, des cochons vivants, des arbres, ou encore un portail d'entrée en fer dépassant de deux mètres de chaque côté. »*

Après trois jours passés à sillonner la ville et à découvrir la nourriture vietnamienne (riz, nouilles et nems), les nombreuses pagodes et temples Bouddhistes, et à profiter du calme des grands parcs, nous nous dirigeons vers la région de Sapa. Cette région, au nord d'Hanoï, est réputée pour la présence d'ethnies minoritaires et pour ses nombreuses rizières en balcon.

Nous avons la chance de pouvoir parcourir cette région hors des sentiers battus lors d'un trek de trois jours avec une guide H'Mong nommée La. Un super moment de partage avec elle, de belles découvertes tout au long de notre chemin qui parfois nous fait apprécier de magnifiques panoramas à travers la brume.

Thibault : *« Lors de la soirée où nous dormons chez une famille Dao, nous vivons un moment sorti du temps où l'on se croit dans un autre monde à préparer autour du feu le repas du soir dès dix-sept heures. Nous le dégustons, ensuite, de manière conviviale avec toutes les assiettes au centre de la table et l'alcool de riz qui rend le rire encore plus facile. Un moment à table je me dis dans ma tête : tu te rends compte ce que tu es en train de vivre avec cette famille Dao, La et ta femme ! »*

Nous commençons ensuite par descendre le long du pays après avoir fait un petit passage par la baie d'Halong. Un lieu magique, malgré le tourisme de masse, où des falaises sortent de l'eau. Nous continuons à découvrir le Vietnam et ses coutumes, notamment celles religieuses avec les autels bouddhistes présents dans chaque lieu (maisons, restaurants, magasins...) pour que les ancêtres protègent le foyer.

Thibault : *« Un après-midi, nous marchons le long d'un marché et mon regard s'arrête sur la tête d'une bête découpée. Je mets un certain temps pour réaliser que, oui, c'est bien la tête d'un chien. »*

Ces premières semaines de voyage sont aussi le moment où nous apprivoisons la vie nomade avec nos sacs à dos. Nous sommes prudents en cachant nos papiers et notre argent sous nos habits et dans la ceinture, en ayant un faux porte-monnaie en prévention d'éventuels vols, en dissimulant notre matériel électronique dans des petits sacs recouverts de protection de pluie. Nos sacs sont devenus notre maison et nous ressentons vite ce poids sur nos épaules. Même en nous chargeant au plus léger nous éprouvons le besoin d'arriver vite aux hôtels pour déposer nos gros sacs à dos. Dans ces moments, nous haïssons notre bagage à partage pour le projet avec ses sept kilos de jeux.

Nous expérimentons aussi les différents transports locaux comme le bus local, le bus de nuit avec notre voisin qui regarde un combat de coq sur son téléphone tout en laissant le son. Nous testons aussi le train de nuit dans un wagon avec des places assises.

Agathe : *« Au moment de prendre nos billets pour rejoindre la ville d'Hué en train, nous découvrons les joies de la semaine de nouvel an. Les couchettes sont toutes occupées nous avons donc deux sièges pour la nuit. C'est déjà une chance d'avoir de la place. En montant dans le wagon, je me rends compte qu'ici il n'y a pas de touristes. L'expérience s'est avérée très fatigante. Je suis assise contre la paroi et durant toute le voyage je vois passer des cafards. La nuit n'est pas vraiment calme avec le manque de discrétion des locaux. Je finis par me demander si le silence n'angoisse pas les Vietnamiens. On se réveille en sursaut avec les gens qui se parlent d'un bout à l'autre du wagon, avec la lumière qui s'allume brusquement, avec un vendeur de friandises qui hurle dans son micro et aussi avec un homme qui bâille ouvertement toutes les cinq minutes. »*

Au bout de plusieurs jours, nous atteignons Kontum à quatre heures trente du matin, nous ne sommes plus qu'à quelques kilomètres de Kon Do Xing, destination de notre projet.

Après un peu d'attente, nous hésitons à appeler notre contact Lok qui fait partie de l'association AMEV, à une heure aussi matinale. Nous décidons finalement de le faire voyant que rien n'est ouvert et que nous n'avons nulle part où nous poser pour attendre. Lok nous répond et nous informe qu'il part à notre rencontre. Le jour commence à se lever alors qu'une messe a lieu dans l'église d'en face. Nous ne sommes plus qu'à quelques pas de notre destination mais nous ne savons pas à quoi nous attendre. Le stress est présent. Nous essayons d'imaginer les lieux et les personnes du village.

Sept heures, Lok arrive sur son scooter, on se regarde en souriant, on s'imagine à trois dessus avec tous nos bagages, ce qui en soit n'a rien d'aberrant vu les chargements habituels au Vietnam.

Finalement, il nous propose de prendre un thé pour discuter un peu, pour faire connaissance et pour attendre sachant que les grands parents chez qui nous allons loger sont sûrement à la messe. Lors de notre première discussion, il nous confirme que personne ne parle français hormis le grand père qui a quelques notions apprises avec les Pères religieux. Il nous appelle ensuite un taxi et nous accompagne jusqu'au village avec son scooter, où nous rencontrerons la famille de François-Xavier, notre contact de l'association AMEV en France.

Seize kilomètres plus loin, nous découvrons l'environnement au sein duquel nous allons vivre pour deux mois. Le dépaysement est total, à mille lieux même de ce que l'on avait pu voir au Vietnam jusquelà. Mais comme nous le dira le papi plus tard, "ici c'est différent ce n'est pas le Vietnam, c'est la vie des Montagnards". Dans le village, nous observons tous les styles de maisons sur pilotis. Les maisons traditionnelles sont en bambou mais il y en a aussi en bois ou en brique avec des escaliers plus ou moins précaires. Au sein du village, les membres d'une famille habitent proches les uns des autres. Il existe une route goudronnée qui traverse le village mais le reste est tout en terre battue. On va vivre au milieu des bananiers, des poules en liberté, des vaches et entourés des petites montagnes au loin. Au milieu des maisons, on retrouve des petites huttes pour les animaux, notamment les cochons. Entre les maisons, aucune circulation, les enfants peuvent donc jouer tranquillement dehors.

Les grands parents sont les premières personnes avec qui nous échangeons et découvrons ce monde qui nous est encore inconnu. Après un premier repas ensemble, à discuter de leurs vies ici, nous commençons à apprendre les premiers mots de Bahnar avec l'aide du papi et d'un petit lexique qu'il a écrit.

Thibault : « *Mamie Hyip et papi Hle m'impressionnent. A quatre-vingts ans, ils ont encore une souplesse bien meilleure que la mienne. Ils s'occupent encore du jardin et la mamie coupe les bananiers à la machette pour donner à manger aux cochons. Elle a une forme olympique et s'occupe de leur grand terrain en plus des animaux, le tout toujours avec le sourire bien sûr.* »

Nous passons les quarante premiers jours de notre séjour chez eux avant de nous installer pour les dernières semaines chez leur petite fille Hyen, avec son mari Thiem et leur enfant Lucas.

Tout au long du séjour, Hyen et Thiem nous font découvrir leur mode de vie et leur travail. Hyen est une super active toujours très souriante et positive, c'est la grande pipelette de la famille. Avec quelques mots d'anglais, de français et ceux que nous apprenons au fur et à mesure en Bahnar elle arrive toujours à discuter et à parler de leur vie et de leur ressenti notamment. Thiem lui, c'est la force tranquille, il est plutôt timide mais a une énergie incroyable, il ne sait pas rester sans rien faire que ce soit aux champs ou à la maison. Ils ont tous les deux une vision moderne de la famille et ne souhaitent qu'un enfant contrairement aux autres familles Bahnar. Ils veulent s'assurer que leur enfant Lucas ne manquera de rien plus tard et le partage entre plusieurs enfants rendrait cela plus difficile selon eux. Lucas a six ans, nous partageons de nombreux moments avec lui et nous oublions presque que nous ne parlons pas la même langue. Un lien particulier qui fait que nous ne sommes pas prêts d'oublier son rire. Il a le sourire aux lèvres en permanence.

Nous nous rendons vite compte que nous vivons des instants privilégiés au sein de ce village et de la famille bien loin du tourisme Vietnamien. Ici nous ne trouvons ni hôtel, ni maison d'hôtes. Nous sommes donc bel et bien immergés dans la vie des Bahnars en partageant avec eux leur quotidien.

Les premiers instants ne sont toutefois pas les plus simples. En effet, avant de partir en voyage, on imagine toujours ce que sera le projet sur place et ce que l'on va y faire. Ayant notre départ, nous avions ciblé quelques objectifs et quelques éléments à valoriser au sein de l'ethnie. Après plusieurs discussions, toujours dans un français plus ou moins approximatif, nous commençons à remettre en question une partie du projet. Nous avons, en effet, eu à plusieurs reprises des réponses assez pessimistes et négatives lorsque nous posions des questions orientées sur le vivre ensemble.

Agathe : « *Dès notre arrivée, je veux déjà tout découvrir. Nous avons entendu parler des grandes fêtes, des nombreux repas ou encore de la maison communale qui rassemblent le village. Pendant que nous visitons le village, au moment où nous découvrons la maison communale, le grand-père affirme que ce n'est plus comme avant, que cette maison n'est plus utile. Cela remet alors en question cette vision d'échange et de partage que nous voulons mettre en avant dans notre documentaire.* »

Finalement après seulement quelques journées à partager leur quotidien, nous sommes vite rassurés et nous assistons à des moments remarquables au sein de la famille. Nous comprenons aussi la vision des grands-parents avec l'évolution qu'il y a eu depuis leur naissance. L'arrivée des scooters et des portables ont changé leur mode de vie mais l'esprit de partage et les traditions sont toujours présents.

D'ailleurs dès les premiers jours, nous découvrons la tradition de la Jarre au moment d'un grand repas de famille dans une maison traditionnelle Bahnar avec sol en bambou.

Agathe : « *Notre première jarre est avec la famille pour fêter un anniversaire. Après le repas, les hommes attachent la jarre et nous invitent à venir autour. Chacun notre tour, nous buvons ce mélange avec les longues pailles en bambou. Nous apprenons qu'au fond de la jarre se trouve du riz fermenté et parfois on peut trouver du manioc. Avec l'eau qu'on ajoute au fur et à mesure, nous buvons tous ensemble l'alcool de riz. A la première paille ça m'a fait penser à du vinaigre. Une fois les premiers tours passés où l'on peut boire à plusieurs je comprends que ce n'est pas fini. Maintenant, chacun notre tour, nous devons boire une dose, délimitée par un bambou, pour ensuite inviter une autre personne. En même temps que la jarre, nous mangeons de la viande d'animaux qu'ils ont attrapés dans la forêt : du rat et de l'écureuil. Depuis le début du voyage, nous étions assez prudents sur l'hygiène mais je me souviens qu'au moment où ils sont allés chercher de l'eau de pluie au robinet je me suis dit qu'il fallait faire abstraction de certaines précautions. Après plusieurs tours où nous sommes invités et nous n'osons pas refuser, pour notre première jarre, nous sentons vite le rire et la discussion facile avec la famille. Les effets de l'alcool se font sentir. Nous ne savons pas quand cela se termine et nous n'osons pas quitter la maison. C'est le moment aussi où tout le monde rigole de la taille de Thibault, beaucoup plus grand que la moyenne. Il manque presque à chaque fois qu'il se lève de se cogner dans une poutre. Je comprends que la jarre est finie au moment où elle n'a plus que le goût de l'eau. Au moment de partir, nous sommes confrontés au test de l'escalier. Celui-ci se résume à un tronc avec des entailles. Une descente difficile après quelques tours de jarre. Heureusement, la maison des grands-parents où nous dormons se trouve en face. Nous arrivons avec un peu de mal à notre lit. »*

A peine trois jours plus tard, nous faisons un nouveau repas avec d'autres membres de la famille dans une autre maison, la Jarre est encore une fois présente.

Thibault : *« Cette journée est particulière. La veille nous avions appris qu'ils souhaitaient que je devienne le parrain de Tai, un jeune garçon de 7 ans. C'est plutôt symbolique, mais cela m'a touché de voir qu'ils nous accueillent de la sorte sans avoir d'arrière-pensée et sans être intéressés. Au contraire, ils font preuve d'une belle générosité, en nous proposant un bon repas avec la Jarre et en m'offrant même un tissu traditionnel Bahnar. Comment ne pas être touché par un tel accueil ? »*

Nous aurons de nombreuses autres occasions de partager avec eux la tradition de la Jarre que ce soit en famille, lors d'un mariage ou lors d'une fête de village. Malheureusement, quand nous sommes à moto, la plupart du temps, les gens ne comprennent pas pourquoi Thibault boit moins pour conduire. Ils peuvent même l'interpréter comme un manque de respect même si nous leur expliquons la volonté de conduire sobre. Nous apprenons ensuite la technique pour éviter de boire beaucoup, nous devons nous éloigner de la jarre quand c'est possible. Nous comprenons que la jarre est une belle tradition pour accueillir, remercier et inviter les autres, cependant les limites pour dire non se sont avérées parfois difficiles à trouver, mais heureusement dans de très rares situations.

Dès les premiers jours chez les Bahnars, nous sortons les jeux de notre bagage à partage. Nous réalisons alors rapidement que l'idée d'emmener des jeux afin de partager des moments avec les personnes sur place est une bonne idée. Il n'est pas simple ici d'échanger avec les Bahnars pour nous qui n'avons aucune notion de ce dialecte local. Le jeu nous permet rapidement de partager du bon temps avec eux et de franchir plus facilement cette barrière de la langue.

Agathe : « *Les premiers jours, la famille est venue se présenter à nous et nous rencontrons les premiers enfants. Nous nous regardons, nous nous sourions, nous échangeons nos prénoms mais je sens vite la frustration de ne pas pouvoir aller plus loin dans notre discussion. Alors je pars dans la chambre pour chercher le sachet de toupies. Je suis heureuse de constater que ces simples jouets nous permettent de créer un premier lien avec eux.* »

Trois jours après notre arrivée, nous décidons de visiter le village à deux. A peine deux maisons plus loin nous sommes invités par Hnet, une des filles des grands parents.

Thibault : *« Je me souviens des nombreux moments partagés avec elle et l'ensemble de sa famille.
Des échanges non verbaux remplis de sourires qui
rapidement laissent place aux jeux. Les enfants et les
adolescents s'amusent et le contact devient de plus en
plus facile. Leur timidité s'efface petit à petit à chaque
découverte de nouveaux jeux. Un formidable souvenir
fut pour moi l'instant à partir duquel on a senti démarrer le projet avec le bagage à partage. »*

Des instants qui font que nous nous intégrons au
sein de la famille et qui témoignent que nous voulons
échanger et prendre le temps avec eux.

Les jours qui suivent sont aussi l'occasion de leur
montrer que nous souhaitons découvrir leur quotidien
et apporter notre aide sur place. Nous proposons alors
de les accompagner aux champs. Nous découvrons
ainsi leur travail difficile et physique de Montagnard.
Un contraste saisissant entre leur quotidien et ce que
l'on avait pu voir lors des premiers jours où ils étaient
en pause.

Nous étions arrivés sur une période particulière
pour eux, juste après la fête du Têt, qui représente le
nouvel an. Cette semaine du Têt est pour eux une des
seules périodes de repos dans leur travail et tout fonctionne au ralenti. Une première impression qui ne
reflète pas leur manière de vivre.

Agathe : « *Nous participons avec la famille et les amis de la famille à une journée Bois. On nous explique qu'il faut aller chercher le bois dans la forêt pour permettre à Muk, un enfant de la famille, de construire sa maison. C'est notre première journée aux champs et nous découvrons le chemin pour s'y rendre. Sur le chemin de terre, à pied, nous nous rendons jusqu'à la rivière que nous traversons en pirogue. Mais le bois n'est pas encore là. Il faut grimper, plus loin que les champs cultivés, pour rejoindre la lisière du bois. Sous une grosse chaleur nous poursuivons notre chemin de montagne qui ne fait que monter. Après deux heures de marche nous arrivons enfin vers le lieu où le bois a été coupé. Mais je ne vois rien. C'est en regardant dans le ravin que je vois des hommes et des femmes de la famille remonter avec des planches de cinq mètres de long sur l'épaule. Sur le coup ça me fait rire mais c'est peut-être plus un rire nerveux quand je sais que je vais devoir m'y coller. Déjà descendre dans le ravin sans glisser est une vraie épreuve, surtout pour Thibault qui a le vertige. Une fois en bas, les planches sur l'épaule, il faut remonter. Voyant très bien que les Bahnars font plusieurs allers-retours facilement je réduis mon objectif à ne faire qu'une montée. Il faut faire preuve d'équilibre avec ses pieds sur ce terrain glissant en s'accrochant parfois à des branches et faire preuve aussi d'équilibre avec les planches qui vacillent sur l'épaule. Quel grand soulagement une fois arrivée en haut. Mais je comprends vite que ce n'est pas fini et qu'il faut emmener les planches bien plus loin, et tout redescendre ce qu'on a monté le matin à seulement quelques kilomètres de la rivière. Un vrai travail col-*

*lectif qui me fait voir les maisons Bahnar d'une autre manière. »*

Nous avons aidé Hyen et Thiem à désherber leur champ de caoutchouc. Hyen nous montre juste avant de commencer un petit sachet transparent et nous dit de ne pas nous inquiéter, elle a emporté l'antidote contre les morsures de serpent puis elle nous explique comment les tuer si on en voit un. Pas bien rassurant tout ça ! Le soir, pour nous remercier ils nous cuisinent un canard mais avant cela il faut le tuer et le plumer. Le lendemain nous allons cette fois-ci à la ferme à cochon voir Muk pour castrer un petit cochon et là encore le soir nous revenons avec un cochon qu'il faut porter, tuer et découper. En tout cas, nous pouvons dire qu'ici il faut être bien motivé pour manger de la viande.

Pendant notre séjour chez eux nous faisons plusieurs journées dans leurs champs de manioc. Un travail très long et fatigant à couper les mauvaises herbes et les branches avec une machette.

Thibault : « *Au bout de quelques jours, je me sens déjà très fatigué. J'admire leur capacité à faire tous ensemble ce travail où chacun s'entraide et rigole beaucoup notamment lors de la pause du midi partagée dans la petite cabane du champ. Une bonne humeur permanente malgré la difficulté et le côté répétitif de leur travail. »*

Les jours qui suivent nous découvrons d'autres étapes du travail du manioc que ce soit pour déraciner ou pour brûler du champ. Un matin, Hyen et Thiem nous annoncent que nous partons aux champs pour y mettre le feu. Avant d'arriver sur les lieux, nous nous arrêtons pour couper du bambou sec. Nous comprenons vite que cela sert de torche pour enflammer le champ. Nous sommes impressionnés par leur connaissance de la nature, ils improvisent des torches et des ficelles en coupant le bambou. Après avoir bien dégagé les bords du champ d'un hectare nous commençons à mettre les flammes.

Agathe : « *Avec la torche je sens la chaleur qui me brûle presque la peau. Les flammes sont impressionnantes, montant parfois à plusieurs mètres. Quand je regarde les bahnars et que je les vois sereins, mes inquiétudes s'en vont car je sens bien qu'ils maîtrisent la situation avec ces grandes flammes au milieu des montagnes. Une fois le feu éteint, je ne vois plus que le manioc. Je comprends enfin le travail fait les semaines auparavant à couper les arbustes et grands bambous qui poussaient partout pour qu'ils soient secs au moment de brûler le champ.* »

Chaque jour que nous passons à aider les Bahnars est l'occasion de parcourir les nombreux kilomètres qui séparent le village de leurs champs. En effet, ils ont perdu un grand nombre de leurs terres qui ont été rachetés par les Vietnamiens pour la monoculture du caoutchouc. Aujourd'hui, ils doivent faire tous les jours un long trajet en moto jusqu'à la rivière qu'ils traversent en pirogue avant d'atteindre à pied leurs champs plusieurs kilomètres plus loin.

Thibault : « *Je me souviens d'ailleurs d'une journée où nous avons fait ce trajet mais cette fois-ci avec deux vaches et deux veaux. J'ai traversé la rivière à la nage en tenant les vaches avec une corde pour aller les emmener vers les champs de manioc pour qu'elles puissent brouter l'herbe pendant plusieurs semaines.* »

La barrière de la langue et le manque de planification rendent la réalisation des interviews du documentaire bien plus compliquée que prévu. Nous décidons donc de nous lancer dans les interviews très tôt afin d'être sûr de les avoir sachant que seul Lok, parlant français, peut nous aider à traduire mais qu'il n'est pas à Kon Do Xing mais à six kilomètres du village.

Lok est un grand travailleur, comme le dit Hyen, il dispose de champs de manioc et de caoutchouc, de bananiers, de rizières, de cochons et d'une pisciculture. Il travaille en parallèle pour l'association AMEV. Il est le référent au Vietnam et fait le lien avec François-Xavier en France. Lok s'investit aussi pour une autre association qui anime différents temps au sein de l'orphelinat de son village. Son rythme de travail et quelques imprévus rendent difficile le fait de le voir.

Après les toutes premières interviews réalisées avec les grands parents, nous avons du mal à avancer et nous décidons finalement de tenter de passer par Hlan, une sœur de Hyen, la seule qui parle Anglais. Elle accepte alors de nous aider et nous propose une matinée durant laquelle nous interrogeons Hnet et ses filles jumelles de sept ans, Juliane et Julia.

Thibault : *« Je suis alors tout sourire à l'idée d'avancer sur les interviews alors que nous commencions à stresser les jours d'avant voyant que les jours avançaient et que notre départ approchait. C'est une sacrée expérience d'essayer de faire comprendre à Hlan les questions en anglais avant qu'elle les retranscrive en Bahnar à Hnet. »*

Une sacrée expérience mais aussi une frustration de ne pas pouvoir communiquer comme on le veut pour échanger avec eux lors de ces interviews et comprendre leurs réponses. Une frustration très présente aussi au quotidien avec l'ensemble de la famille.

Nous faisons ensuite l'interview de Hlan pour qu'elle nous explique la vie et le travail des Bahnars. Cette fois-ci c'est sa timidité qui empêche réellement d'avoir des réponses détaillées car elle lit les réponses qu'elle avait préalablement écrites. Mais nous sommes heureux de voir qu'elle a pris du temps pour préparer ses réponses et qu'elle se prête à l'exercice, que l'on sait, pas toujours évident.

Nous décidons un jour, de retourner voir les grands parents pour improviser une interview sur la vie des Bahnars. Ils se prennent facilement au jeu et nous répondent comme si nous parlions Bahnar. Nous posons deux questions courtes au papi et ils développent ensuite leurs réponses en Bahnar.

Thibault : « *Je suis surpris par leur décontraction et leur manière de nous parler comme si nous comprenions ce qu'il nous disait. La mamie notamment était tellement naturelle que j'avais l'impression d'être dans un vrai échange direct.* »

Une semaine avant notre départ, nous réussissons enfin à aller chez Lok et à prendre le temps de l'interviewer. On prend même le temps de lui faire traduire l'ensemble des autres vidéos. A la fin de cette journée, nous ressentons un réel soulagement et la satisfaction d'avoir réussi à avoir toutes les interviews enregistrées.

Thibault : « *Lors de la traduction avec Lok, nous sommes très attentifs et nous découvrons au fur et à mesure ce qui avait été dit malgré les nombreuses retraductions. Je me souviens surtout du moment où Lok nous traduit une des chansons que nous ont chanté les jumelles et où je découvre que c'est une chanson sur le vivre ensemble qu'elles ont appris à l'école.* »

Les semaines passent vite et nous sentons qu'il sera difficile de mettre quelque chose en place avec une structure. La barrière de la langue, le fonctionnement pas forcément planifié comme cela peut l'être en France et le fait de ne connaître personne au sein de l'orphelinat ou de l'école du village rendent la mise en place d'animations difficilement concevable. Nous décidons donc de changer nos objectifs et de prendre le bagage à partage sur le dos pour animer directement dans les rues du village, sans passer par une structure comme nous l'avions imaginé avant d'arriver sur place. Ce changement s'est avéré finalement plus intéressant. Après un mois où nous animons le bagage à partage avec la quinzaine d'enfants de la famille, nous tentons donc de capter quelques enfants dans le village où nous sommes. En direction de la rivière, nous croisons un petit groupe d'enfants qui jusqu'à maintenant nous criait "Hello" en nous voyant passer pour aller au champ. Ils sont surpris cette fois-là de nous voir nous arrêter vers eux. Dans un échange un peu timide des deux côtés dû à la langue, nous sortons le frisbee.

Agathe : « *Je lance le frisbee vers eux pour les inviter à s'approcher et à jouer. Les rires sont immédiats. Très vite intrigués, chacun leur tour, ils me renvoient le frisbee. Au fur et à mesure que nous jouons les enfants s'approchent et ce n'est qu'un début avant que nous sortions d'autres jeux du bagage.* »

Thibault : "*En rentrant de cette animation je vois tout de suite qu'il y a quelque chose de bizarre dans le comportement des enfants de la famille. Je sens qu'ils nous ignorent totalement alors que d'habitude ils sont plutôt dans la sollicitation pour jouer. Après plusieurs minutes à les regarder jouer à un, deux, trois soleil cette première impression se confirme et nous com-*

*prenons alors qu'ils font la tête car nous avons joué avec d'autres enfants. Je me souviens que sur le coup ça m'a un peu cassé dans ma dynamique alors que l'animation avait été une superbe réussite. Dommage mais bon ce ne sont que des enfants et beaucoup au-raient eu la même réaction de jalousie qui n'a d'ail-leurs pas duré longtemps."*

Surpris par le nombre d'enfants et d'adolescents avec qui nous avons partagé l'après-midi et par leur enthousiasme à jouer et à découvrir ce que nous avons dans le bagage, nous décidons de faire de l'animation de rue à Kon do Xing et dans d'autres villages aux alentours les semaines qui suivent.

L'animation suivante a donc lieu sur la place de la maison communale de Kon Do Xing. Un moment où nous prenons du temps avec une dizaine d'enfants en utilisant notamment les jeux individuels et les balles de jonglerie après avoir animé le jeu coopératif du parachute. Il s'agit d'une grande toile colorée où plusieurs personnes se coordonnent pour réussir le défi donné par l'animateur. Durant cette après-midi, il y a un enfant de moins de dix ans qui porte sa petite sœur sur le dos lors des jeux et joue comme si de rien n'était. Une gestion en autonomie sans les parents bien loin de celle que l'on peut avoir en France.

Après ces animations dans le village, nous déci-dons de prendre la moto de la famille pour animer le bagage dans d'autres villages avec comme point de repère les maisons communales. Nous commençons par le village le plus proche, Kon Ray. Sur l'immense place du village nous percevons déjà quelques enfants alors que nos dégustons un petit coca pour fêter nos sept ans de vie ensemble.

Thibault : « *Je sors alors le boomerang pour la première fois depuis notre départ. Dès les premiers lancés, les enfants intrigués viennent et commencent à tester. Pas évident mais des bons moments de rigolades et une première approche réussie.* »

Nous faisons ensuite découvrir les différents jeux du bagage et faisons quelques photos avec eux. Ils se prennent facilement au jeu et nous avons même droit à une belle photo de groupe.

Quelques jours plus tard nous décidons d'aller à Kon Long But où nous croisons à notre arrivée deux filles de la famille.

Agathe : « *Hlan, celle qui parle anglais, nous interpelle à moto pour demander ce qu'on vient faire ici dans ce petit village. Je lui réponds qu'on cherche des enfants pour jouer avec eux. Ma réponse est alors un rapide résumé des objectifs de notre aventure. Comme elle n'a pas forcément notion de tout notre projet, même avec plusieurs tentatives d'explications auparavant à la famille, je me dis après coup qu'elle a dû trouver ma réponse un peu loufoque.* »

Alors que nous pensons l'animation mal embarquée ne voyant personne sur la place à notre arrivée, nous commençons à apercevoir les premiers enfants alors que nous avons commencé à jouer au frisbee à deux. Au bout de quelques minutes nous voici finalement avec une cinquantaine d'enfants et d'adolescents. Nous animons alors surtout les grands jeux, ballons, frisbee et élastiques et sortons quelques autres jeux.

Thibault : « *Vu le nombre important d'enfants, nous les laissons en autonomie avec certains jeux alors que nous jouons à d'autres. Bientôt, je me rends compte qu'il n'y a plus le frisbee et je comprends avec les gestes des enfants qu'il a atterri sur le toit d'une maison. A ce moment, je me souviens m'être dit "comment on va faire sans notre jeu qui nous sert de première approche". Finalement, après quelques minutes perturbées par cette déconvenue je décide de faire le tour voir si je l'aperçois. Et là soulagement, il était retombé sur le terrain de l'autre côté de la maison. C'est à ce moment que je me suis rendu compte de la valeur de ce simple petit objet pour nous.* »

Agathe : « *Dès les premiers jours et à chaque animation je suis impressionnée par le respect des enfants. Quand nous laissons des jeux en autonomie comme avec le ballon, les casses têtes, le bilboquet, le yo-yo... tous les enfants viennent nous redéposer le jouet sur le bagage sans que nous demandions quoique ce soit.* »

Le lendemain, nous reprenons la moto et allons à Kon Jo Dreh. La place de la maison communale étant moins centrale dans ce village, nous sentons dès notre arrivée que nous sommes moins visibles et qu'il va être plus difficile de capter du monde. Nous commençons alors à jouer à deux puis avec deux enfants présents ici mais qui gardent un peu leur distance. L'approche est comme on le redoutait bel et bien difficile. Après plusieurs minutes avec ces deux seuls enfants, Agathe décide d'aller directement vers une famille qui nous regarde depuis sa maison.

Agathe : « *Sur le palier de la maison, il y a trois petites filles à qui je donne un casse-tête pour les apprivoiser. La maman et la grand-mère présentes m'invitent à m'asseoir. Avec les quelques mots de Bahnar appris nous arrivons à échanger quelques phrases. Je n'arrive pas à comprendre si les petites filles pensent que le jouet donné est un cadeau et du coup je n'ose plus leur reprendre des mains. Avec des signes je les invite à rejoindre les autres enfants qui arrivent vers Thibault mais personne ne bouge et je n'ose plus partir de peur que ce soit perçu comme un manque de respect. Finalement je profite que le ballon n'est pas trop loin de leur porte pour me lever et leur lancer. Malheureusement ça ne fait pas grand effet et je finis par retourner vers le groupe qui s'est formé près de la maison communale en les remerciant et en récupérant avec le sourire les casses tête. Quelques minutes plus tard, je vois les trois petites filles avec les autres enfants vers nous.* »

Finalement les enfants arrivent petit à petit et nous commençons à animer le jeu du parachute avec huit enfants. Cela attire rapidement d'autres enfants et nous finissons par jouer avec une vingtaine d'enfants.

Thibault : « *Ils sont tous intrigués par l'appareil photo et ils commencent à jouer en regardant derrière l'appareil ou en posant devant entre eux. Un bel après-midi jeu et photos ponctué par une photo de groupe devant la maison communale et une envie de leur part que l'on revienne. Nous ne pourrons malheureusement pas, notre séjour chez les Bahnars prenant fin sur ces belles rencontres lors de ces animations.* »

Durant notre séjour chez les Bahnars, nous avons eu la visite de membres de notre famille. Cela a été une réelle occasion de découvrir ou redécouvrir la vie sur place à travers leurs yeux. Une occasion aussi d'exprimer nos ressentis avec les difficultés rencontrées mais aussi les expériences inoubliables vécues.

Lors de nos derniers jours, la famille commence à comprendre notre projet. Ils organisent donc pour nous une journée à la rivière pour filmer les habits traditionnels Bahnars qui sont moins portés actuellement.

Thibault : « *Ça les fait bien rire de nous voir avec leurs habits traditionnels et notamment pour moi. L'habit pour les hommes étant bien ouvert au niveau des jambes. Thiem insiste bien en disant "no bikini" et l'on gardera un caleçon pour cacher plus facilement les parties intimes. »*

Nous découvrons d'ailleurs quelques jours après comment sont tissés ces vêtements bahnars. Hyen nous emmène voir sa maman en train de tisser le tissu traditionnel Bahnar. Une pratique difficile qui est amenée à disparaître petit à petit malheureusement. Dans la famille, seule sa maman à connaissance de ce savoir-faire qui "donne mal à la tête" aux nouvelles générations comme le dit Hyen. Des derniers instants privilégiés dans la maison traditionnelle de sa maman et des images capturées, importantes, pour garder une trace de ce savoir-faire.

Deux jours avant notre départ, nous avons l'occasion d'assister à la Saint Joseph, la fête du village de Kon Do Xing. Une grande fête traditionnelle qui se déroule une fois par an et où chaque famille apporte une jarre à partager dans une ambiance rythmée par les joueurs de gongs.

Des moments authentiques qui nous rappellent une dernière fois, l'importance de parler de leur mode de vie actuel et passé.

Mercredi 22 mars 2017, voici le moment tant redouté des au revoir. Après deux mois chez eux, il est maintenant temps pour nous de continuer notre route avec un beaucoup d'émotions à l'idée de les quitter.

Agathe : « *Le jour de notre départ, toute la famille est là et les enfants jouent une dernière fois avec nous après nous avoir donné des dessins. L'heure arrive et nous allons chercher nos sacs à dos. C'est en les revoyant, présents, pour nous dire au revoir que je laisse couler des larmes, ainsi que Thibault. Un départ difficile où on se prend dans les bras, où le sourire de Lucas a disparu, où on se dit en quelque sorte adieu. Intérieurement, si c'est possible, on se fait la promesse de revenir un jour. En tout cas une chose est certaine, nous pouvons leur promettre de ne pas les oublier.* »

Thibault : « *Hyen et Thiem nous accompagnent alors jusqu'au bus à Kontum. Nous vivons un dernier instant à partager un jus de fruit où je sens une grande émotion à l'approche des au revoir avec eux deux. L'émotion avait déjà pris le dessus lorsqu'ils nous ont donné un sac et un porte bébé en tissu bahnar mais l'approche des au revoir est un vrai pincement au cœur. Nous avons tellement partagé de belles choses avec eux, c'est l'instant où je réalise à quel point je me suis attaché à eux.* »

Nous arrivons par le bus de nuit à Ho Chi Minh Ville, la transition est vraiment difficile et nous ressentons, tous les deux, le besoin de partir au plus vite de la ville. Nous entamons donc notre périple de deux semaines dans le Delta du Mékong.

Nous démarrons par My Tho, petite ville très agréable mais gâchée par un développement touristique mal contrôlé. À chaque coin de rue, on se fait alpager avec des propositions pour des ventes farfelues. Nous continuons vers Ben Tre, un lieu moins touristique avec des paysages de cocotiers magnifiques. De là, nous décidons de prendre un cargo marchand pour rejoindre la prochaine ville. Une traversée authentique de six heures au rythme du Mékong. Tra Vinh restera, pour nous, le lieu inoubliable du Sud du Vietnam.

*Agathe : « Inoubliable oui, mais pas dans le bon sens du terme. Après avoir visité la ville, au moment où nous nous reposons au frais dans la chambre, une personne de l'hôtel toque à la porte. Lorsque nous avons ouvert, il nous expose posément qu'ils ont perdu nos passeports en les faisant tomber du scooter et que nous devons juste aller à la police pour signer un papier. N'étant pas sûrs d'avoir très bien compris l'anglais, nous le faisons répéter. Malheureusement, c'est bien ça ! La colère monte, c'est impossible, nous savons que cela remet en question notre projet. Nous sommes pourtant obligés de nous concentrer pour faire les démarches le plus rapidement possible. Après le passage chez la police et l'appel au Consulat de France, nous réunissons le plus vite possible les justificatifs nécessaires. L'hôtel se propose de financer les frais de notre retour à Ho Chi Minh et les deux nuits à l'hôtel en attendant que le Consulat ouvre car le weekend évidemment c'est fermé. La colère fait place à la déception et au stress. Nous voyons que le passeport que nous allons obtenir au Vietnam est un passeport temporaire d'un an. Au fur et à mesure que nous faisons nos recherches, nous voyons que cela remet con-*

sidérablement en question notre voyage. Il est impossible de nous rendre au Sénégal car il faut une validité de six mois de passeport ce qui ne sera pas le cas avec celui-ci. Ensuite nous voyons qu'avec ce passeport nous ne pouvons pas nous rendre aux États Unis même juste pour nos escales prévues sur notre prochain vol. Nos billets ne sont donc plus valables et nous ne pouvons plus nous rendre en Équateur. Autant dire que là nous devenons désespérés et dur de se remonter le moral. Nous sommes donc dans l'obligation de rentrer en France pour refaire des passeports biométriques. Je liste les frais engendrés en comptant bien que l'hôtel paye sa part. Un total de deux mille euros d'imprévus que nous ne pouvons pas nous permettre et dont nous exigeons un remboursement. Durant tout le week-end nous négocions leur responsabilité dans cette erreur qui pour nous change tous nos plans. Nous regardons, sur internet, les vols pour la France pour rentrer très prochainement. »

Thibault : « Après une grande discussion à leur montrer et leur prouver que nous allions en Amérique Latine après et non un simple retour en France, j'entends frapper à la porte de la chambre alors que nous étions en conversation vidéo avec le frère d'Agathe. Là, un gars de l'hôtel se tient devant moi avec son casque sur la tête. Il me tend deux passeports et m'annonce qu'il les a finalement retrouvés dans le scooter, coincés dans un coin. Je vérifie alors attentivement et je réalise que oui ce sont bien nos passeports. Sur le coup, je prends le gars dans mes bras et le remercie de les avoir retrouvés. Je lui demande alors de m'amener en scooter jusqu'au poste de police pour *annuler la déclaration de perte, et malgré sa réponse négative, je pars donc en scooter derrière un gars de l'hôtel. J'hésite un instant entre soulagement et anxiété à l'idée de partir seul avec lui en scooter. De retour sans trop vraiment réaliser ce qui venait de se passer, nous sommes conscients que la situation est très ambiguë et qu'ils ont sûrement voulu faire du trafic de passeports. Finalement soulagés de les avoir avec nous, nous contactons le consulat qui nous donnera le feu vert par mail le lendemain. »*

Nous partons dès le lendemain matin avec un énorme besoin de fuir ce lieu et de changer d'air. Nous continuons notre route, tout soulagés, en découvrant les différents marchés flottants avec leurs bateaux remplis de fruits et Légumes. Reboostés par ces bons moments sur le Mékong, nous rejoignons notre dernier point de chute avant de nous rendre en bateau jusqu'à la frontière Cambodgienne.

C'est sous une chaleur de plomb, comme les jours précédents, que nous partons en bateau. Après avoir bataillé pour garder nos passeports avec nous, les douaniers ne nous laissent finalement guère le choix et nous annoncent par ailleurs que nous ferons le reste du trajet en bus après la frontière, et non en bateau comme prévu, vu que c'est les vacances du côté Cambodgien.

# 2

# Accueillir ensemble au Cambodge

## Du 10 avril au 8 mai 2017

### Le projet valorisé : Tourisme solidaire à ChiPhat

Les habitants de Chi Phat, avec le soutien de l'ONG Wildlife alliance, ont créé un projet d'écotourisme communautaire en 2007 dans le but de protéger la forêt des Cardamomes où beaucoup de gens vivaient de l'exploitation illégale de la forêt. Aujourd'hui, ce projet compte 240 villageois impliqués. Ceux-ci proposent des hébergements, des services de moto taxi, des restaurants et de nombreuses activités (trek, VTT, kayak, ...) afin d'offrir aux visiteurs un aperçu de la vie rurale au Cambodge. Les 8 membres du centre d'accueil pour les visiteurs sont élus pour diriger le projet et suivent une formation continue.

Concernant les revenus générés par les différents services, 80% de la somme revient à l'habitant qui offre le service, les autres 20% reviennent au fond communautaire (aide pour les personnes âgées, école, santé, centre touristique, …).

*

A la frontière, nous attendons que la personne qui nous a pris nos passeports fasse le nécessaire et nous rejoignons un autre endroit à pied, derrière des barrières, où nous attendons. Après de longues minutes, nous voyons la personne qui revient avec nos passeports et ceux des autres passagers. Quel soulagement ! Puis nous passons dans un autre bureau pour tamponner le visa. Ensuite, tous entassés comme des sardines et sans climatisation, nous sommes emmenés dans un van jusqu'à la Capitale, Phnom Penh.

Après de nombreuses heures dans la chaleur, nous arrivons à Phnom Penh où nous restons trois nuits pour nous imprégner du Cambodge et de ses différences avec le Vietnam.

Thibault : « *Le moment où nous visitons Phnom Wat, un temple dans la ville, je vois dans le parc un singe puis finalement deux puis trois. C'est un moment unique que je partage avec ces petites bêtes à la fois attachantes mais aussi imprévisibles dans leur comportement. Pendant qu'Agathe donne de la nourriture proposée par une Cambodgienne juste à côté, j'essaye de m'approcher pour faire quelques photos avec à chaque fois quelques appréhensions quand je vois les singes venir de plus en plus près.* »

Agathe : « *Les différences qui m'ont tout de suite marquées avec le Vietnam, ce sont les nombreux tuk-tuk, un scooter avec une remorque pour transporter les passagers. L'écriture Khmer ici est illisible ce qui est un défi quand on veut aller dans un restaurant local. Du coup nous privilégions les restaurants avec une traduction en anglais. Au Cambodge on utilise deux monnaies (le Dollar et le Riel) et il est possible de payer avec les deux monnaies pour un achat. Un vrai calcul de conversion. Au fil de ma lecture sur un témoignage de l'époque Khmers rouges, je suis touchée par le passé douloureux de ce pays et je m'aperçois aujourd'hui, qu'en tant que touriste, nous voyons peu de traces de ce passé, à l'exception de personnes mutilées par les mines. »*

Après ces moments dans la capitale, nous rejoignons la côte au sud du pays. Nous y passons quatre nuits pour nous reposer. Un repos finalement bienvenu.

Thibault : « *Au moment d'arriver à Sihanoukville je commence à me sentir mal. Je ne me sentais déjà pas bien et fatigué les jours précédents mais là je sens que c'est différent. Je me repose puis on décide d'aller à la plage pour le coucher de soleil. Là, d'un coup je me sens vraiment à bout de force et le retour à la chambre me semble interminable. En rentrant le verdict tombe, quarante de fièvre.* »

Nous commençons tous les deux à nous inquiéter et à essayer de voir à quoi correspondent les symptômes. Nous commençons à nous monter la tête sachant qu'il n'est jamais bon d'avoir de la fièvre dans un pays où il y a le paludisme, la typhoïde, la dengue et le virus Zika. En plus, avant de venir au Cambodge, nous avions lu que si nous avions un pépin de santé il ne fallait pas compter sur les infrastructures du pays et plutôt se rendre au Vietnam ou encore mieux se faire rapatrier. Finalement, après deux bonnes journées de repos, la fièvre redescend mais la fatigue est encore bien présente. On ne saura jamais ce que Thibault a eu.

Après ces jours de repos forcé et Thibault allant mieux, nous décidons de ne rien changer à notre programme et nous partons une semaine pour valoriser le projet de tourisme solidaire à Chi Phat, en pleine nature au sud du pays. Après trois heures de bus et une demi-heure de moto taxi nous arrivons à Chi Phat prêt à filmer ce beau projet collaboratif.

Dès notre arrivée, nous nous rendons compte qu'il va être difficile de prendre des images du projet touristique étant donné que c'est un projet qui n'a pas vocation à intégrer un tourisme de masse mais plutôt un tourisme responsable. Nous essayons donc au fil des jours de capter un maximum d'images du village et du projet touristique. Nous sommes à l'affût du moindre touriste que nous voyons. Nous passons régulièrement au centre d'accueil afin d'avoir plus d'informations sur le fonctionnement et observer si le projet correspond aux informations mentionnées sur leur site. Nous participons à quelques activités (cuisine, volontariat pour le ramassage des déchets) mais nous décidons de ne pas nous lancer dans un trek dans la jungle car la chaleur est trop pesante et la fatigue encore trop présente. Cependant nous remarquons que les treks sont une activité attractive pour les touristes. Le projet implique un grand nombre de locaux du village où chacun à sa place (cuisiniers, personnels administratifs, hôtes, guides, …).

Une semaine pour valoriser un projet, nous sentons que c'est différent de notre projet chez les Bahnars au Vietnam. Nous créons moins de lien avec les personnes sur place et nous sommes plus accueillis comme deux touristes et non comme deux personnes qui viennent pour un but particulier. Même en expliquant notre volonté de parler de Chi Phat dans notre documentaire et sur notre site, nous savons que nous n'avons pas le même positionnement qu'au Vietnam. Nous le savions du fait que nous ne sommes présents qu'une semaine et que nous n'avions pas tissé de lien en France avec eux avant de partir. Nous savions que nous ne pouvions pas donner autant de temps et d'implications dans tous les pays.

Durant cette semaine, en voulant découvrir les environs, nous rencontrons des difficultés. Après avoir loué un scooter, nous nous perdons vite sur les chemins à cause du manque d'indications et de la carte donnée où il est inscrit de mauvaises informations. Lors de nos balades dans le village, dès que nous voulons aller un peu plus loin que la rue principale, nous sommes vite arrêtés par les chiens en liberté qui aboient dès que nous nous approchons trop près. Nous avions observé en Asie que la gestion des déchets n'était pas développée mais nous espérions voir un progrès dans ce village écotouristique, ce qui n'est pas forcément le cas, malgré la bonne volonté des habitants de Chi Phat. Au fond de nous, nous ne voulons pas découvrir trop de points négatifs à ce projet ce qui remettrait en question notre envie de le valoriser. Mais heureusement ce n'est pas le cas. Quand on connaît l'histoire du projet et la volonté des habitants de trouver, ensemble, une solution alternative aux braconnages des forêts par le développement touristique, cela fait relativiser la réussite de ce projet coopératif.

Après une semaine à Chi Phat, nous reprenons la route direction Mondulkiri en faisant une pause d'une journée à Phnom Penh. Le trajet est long mais nous savons que dans la région de Mondulkiri nous pourrons rencontrer des éléphants dans le respect de l'animal. Quand nous avions fait nos recherches, nous avions appris que les éléphants sont maltraités pour le divertissement des touristes à qui on permet de monter dessus pour faire une balade. Ayant conscience de cela, nous ne pouvions pas faire abstraction et c'est ainsi que notre long voyage dans l'Est du pays justifie ce déplacement. Dans le sanctuaire de Mondulkiri, nous passons une journée inoubliable.

Thibault : « *Je garde un souvenir impérissable du moment où nous marchons en pleine jungle. Nous voyons apparaître un premier éléphant puis deux autres alors que nous sommes en train de donner des bananes au premier. Nous passons toute la matinée à les observer dans leur environnement naturel, un instant unique et respectueux de cette espèce menacée.* »

L'après-midi nous marchons jusqu'à la rivière, près d'une cascade, où nous attendons sagement en maillot de bain dans l'eau avec nos bananes. Est-ce que les éléphants vont venir dans l'eau avec nous ? Comme, ici, l'animal n'est pas guidé par l'homme, il est possible que nous ne les voyions pas.

Agathe : « *Quelques minutes après être rentrée dans l'eau, je vois arriver au loin un des trois éléphants du sanctuaire. A ce moment, je réalise que nous avons laissé l'appareil photo près d'un tronc visiblement vers l'endroit où l'éléphant se dirige. Je me dépêche de sortir de l'eau mais pas assez vite car l'éléphant se retrouve devant moi, les pattes dans l'eau. Je me retrouve seule face à lui et je me sens, d'un coup, toute petite. Après avoir englouti toutes mes bananes, il continue son avancée dans l'eau en évitant à un mètre près de marcher sur notre appareil photo.* »

Lors de cette fin de journée nous découvrons pour la première fois les effets de la mousson. Ayant prévu le coup en camouflant nos appareils dans plusieurs plastiques nous rentrons sous une pluie torrentielle continue. Dur pour nous de tout faire sécher ensuite car nous changeons de lieu, direction Siem Reap. Pour finir notre mois au Cambodge nous découvrons l'incontournable du pays : les temples d'Angkor. Trois jours en tuk-tuk pour visiter les différents temples. Un vrai spectacle où la nature pousse parfois au milieu des ruines. Malheureusement, pendant ces visites chacun notre tour nous tombons malade et nous devons ralentir les visites de temples. Durant cette dernière semaine, avec les temples d'Angkor, nous profitons aussi des autres jours pour visiter la ville et préparer la suite de notre voyage. Nous sentons parfois la fatigue de la vie nomade car une fois arrivés quelque part nous devons déjà penser à organiser la suite.

Le 8 mai, nous décollons du Cambodge pour un très long voyage avec plein de complications dues à un retard de vol et une attente de dix-huit heures en Chine. C'est après cinquante-trois heures de voyage, par une autre escale aux Etats-Unis que nous arrivons enfin à notre prochaine destination : Quito en Équateur.

Quel soulagement !

# 3

# Travailler ensemble en Équateur

## Du 9 mai au 4 juillet 2017

### Le partenaire : un homme à l'origine de ce projet

Le Padre Antonio Polo, un prêtre Italien est arrivé à Salinas dans les années 70 et n'est plus jamais parti du village. A son arrivée, les habitants étaient exploités aux mines de sel ou dans les champs et la pauvreté était très importante. Il décide alors de développer de nouvelles activités pour permettre à chacun des habitants du village et des communautés de vivre mieux. Il met en place une Economie Sociale et Solidaire.

### Le projet valorisé : Économie Sociale et Solidaire

Salinas de Guaranda est un village, à 3 800 m d'altitude, dans la région de Bolivar au centre de l'Équateur, dans les Andes. Ce village se développe depuis les années 70 grâce à l'Économie Sociale et Solidaire. Ainsi aujourd'hui, le village fonctionne avec un ensemble d'associations, de coopératives et de fondations. C'est maintenant un modèle reconnu dans tout le pays et même dans d'autres pays.

*

Lors de notre arrivée en pleine nuit, la première chose à laquelle nous pensons, c'est dormir.

Après ce repos, nous décidons en milieu d'après-midi de nous plonger dans cette nouvelle culture que nous allons découvrir au fil des jours.

Les premières choses qui nous frappent incontestablement sont, le climat frais et le relief ainsi qu'une circulation plus organisée. La ville de Quito est entourée de montagnes et de rues au dénivelé impressionnant. Nous ressentons alors les premiers effets de l'altitude alors que la ville est à deux mille huit cents mètres. Des efforts qui nous réchauffent alors que nous sommes plongés dans le froid et l'humidité à peine quelques heures après les grosses chaleurs du Cambodge.

Nous profitons de ces premiers jours à la capitale pour nous adapter à ce nouveau décor. Nous nous baladons dans le centre historique de Quito sans trop nous en éloigner sur les conseils d'Equatoriens que nous croisons. Ils nous disent de faire attention, car c'est dangereux dès que l'on essaye de s'aventurer dans des rues un peu plus éloignées du centre. Un environnement qui nous semble ainsi plus hostile qu'en Asie et nous profiterons des cuisines dans les hôtels pour ne pas trop sortir la nuit.

Nous commençons alors notre descente du pays le long de la route des volcans. Notre premier point de chute est le cratère de Quilotoa. Mais alors que nous avions prévu un trek de trois jours, nous nous contenterons de la simple visite d'un marché authentique et de la découverte de ce cratère. Thibault ressent les conséquences d'un changement brutal de températures avec les symptômes de la turista. Nous continuons notre périple jusqu'à Baños. Nous profitons de cette ville réputée pour ses activités de pleine nature pour faire des randonnées à pied et à vélo.

Thibault : *« Ces quelques jours à Banos me font un bien fou. Au milieu de cette nature verdoyante, la santé est de retour et je me sens avoir un second souffle pour continuer le périple. »*

Après quelques jours à redescendre le pays, nous atteignons Salinas en camionnetas, le moyen de transport local. Ces camionnetas sont des pick-up qui servent à se déplacer dans des lieux non desservis par les bus. Le chauffeur nous donne, sur la route, un dépliant nous apprenant ainsi que nous arrivons pendant la fête du village qui dure une semaine. Un hasard qui va nous permettre de découvrir le village de manière animée avec des défilés, une soirée dansante avec feux d'artifices locaux, un concours de bêtes et un toréador.

Agathe : *« Je me suis demandé s'il n'y avait pas un accident en voyant des étincelles au milieu de la foule. J'ai vite compris que c'était normal en voyant passer un chariot rempli de feux d'artifices au milieu des gens. Pour le final, je vois la grande construction en bambou qui commence à prendre feu pour offrir un magnifique spectacle lumineux. Cependant, petit coup de stress en voyant la structure s'effondrer sur la foule avec le vent. Pas de blessé, on dirait qu'ils sont habitués avec les feux artisanaux. »*

A notre arrivée, nous rencontrons Pablo, un jeune du village qui parle français. Il nous explique qu'il va s'organiser pour bien nous accueillir. Il nous explique en effet que vu que nous sommes ici pour réaliser une vidéo, que nous ne sommes pas de simples touristes, alors il est normal que nous soyons logés et accompagnés.

Agathe : *« On ne s'attendait pas à un tel accueil. D'un seul coup je sens la pression qui monte et j'espère que à la vue de notre petite caméra ils ne vont pas mettre en doute notre professionnalisme. En tout cas, je me sens flattée par leur reconnaissance et ça me motive pour bien faire les choses. »*

Pablo sera alors notre guide pendant cette semaine à la découverte des nombreuses entreprises et coopératives du village alors qu'il nous loge gracieusement chez lui.

Nous découvrons alors ce modèle d'économie sociale et solidaire et réalisons à quel point ce projet est un exemple remarquable à mettre en avant pour notre projet. Une belle surprise qu'il nous semble important de présenter plus longuement que prévu dans notre documentaire. En effet, au fil des visites nous prenons connaissance de l'ensemble du fonctionnement sur place. Un fonctionnement basé sur des associations, des fondations et des coopératives où chaque habitant peut avoir sa place. Une organisation qui se préoccupe en parallèle du développement de projets solidaires pour l'éducation, la santé, l'aide aux personnes âgées.

Agathe : « *Je questionne Pablo : comment font-ils pour satisfaire tout le monde au niveau de l'emploi ? Comment ça se passe quand il y a plusieurs personnes qui veulent travailler en même temps ? Il m'explique alors qu'ici les gens travaillent quand ils ont besoin, donc pas forcément un emploi toute la semaine. Il ajoute qu'il est possible de diviser le travail pour que tout le monde puisse avoir un petit revenu. Le village n'a jamais plus de demandes que de propositions d'emploi.* »

Pablo nous présente au Padre Antonio Polo. Nous échangeons sur notre projet en toute simplicité chez lui en partageant son petit déjeuner. Il accepte alors de faire une interview. Une nouvelle reconnaissance pour notre projet après le bel accueil que nous avons eu et un grand honneur à l'idée de l'avoir dans notre film. C'est un homme reconnu dans tout le pays. Il a d'ailleurs été décoré par le président de la République équatorien, seulement quelques jours avant notre rencontre, pour son action à Salinas qui sert de modèle en Équateur.

Au cours de cette semaine nous en profitons pour reprendre contact avec l'association du Pérou avec inquiétude. Nous avions repris contact depuis le Cambodge ayant suivi sur internet les actualités dramatiques. La région de Piura, où se trouve l'association, est touchée par une épidémie de Dengue à la suite d'inondations.

Nos inquiétudes se sont révélées exactes et nous devons, dans un souci de sécurité, annuler notre venue prévue dans une semaine. Un nouvel imprévu sur lequel il va falloir rebondir rapidement.

Thibault : « *Nous savons que des volontaires sont accueillis à Salinas et nous sommes dans une dynamique très positive à la suite de cette interview et des différentes visites. Je trouve alors l'idée de rester plus longtemps ici vraiment intéressante. Nous nous posions, quelques jours avant, la question de valoriser plus longuement ce projet dans notre film. Cet imprévu me semble alors être un signe comme quoi nous devons rester plus longtemps.* »

Dès le lendemain nous soumettons l'idée de rester un mois de plus à la responsable des volontaires qui nous donne alors une réponse positive.

Après cette nouvelle validée, nous aménageons alors à la Casa de la Juventud (l'auberge de jeunesse).

Nous partagerons ainsi, pendant un mois, notre quotidien avec d'autres volontaires Italiens et Allemands, qui viennent s'impliquer pour l'Économie Sociale et Solidaire du village. Un bon moyen de nous forcer à parler espagnol et surtout à entendre la langue. C'est malgré tout difficile de devoir se concentrer pour comprendre. Ça prend beaucoup d'énergie. On est quand même content de pouvoir échanger un peu et de réussir à comprendre les discussions. Le plus dur est de ne pas réussir à parler spontanément.

Nous participons, dès les premiers jours, à une réunion avec les représentants des fondations et des associations. On présente alors notre projet et l'on propose de faire des animations au sein de Texsal, l'association de femmes qui tricotent des habits, ainsi qu'au centre des personnes âgées.

Avant de démarrer ces animations, la responsable des volontaires nous propose de l'accompagner dans les communautés avoisinantes l'après-midi même. Nous préparons alors rapidement nos sacs sans savoir pour combien de jours nous partons. Le départ étant reporté de quelques heures nous attendons sur la place du village puis nous improvisons une animation avec des enfants qui sont là en attendant leur bus. Alors que nous n'avions pas tous les jeux avec nous, nous commençons avec un petit groupe de trois jeunes filles avec les jeux individuels puis nous sortons le jeu du parachute, ce qui attire immédiatement un groupe d'enfants suffisant.

Nous partons finalement pour Matiavi à quarante kilomètres de Salinas. Nous restons donc deux heures compressés dans un pick-up.

Agathe : *« Je ne suis pas du genre à être malade en voiture, mais là je me sens vraiment mal dans ces chemins de montagne. Le trajet me semble interminable. »*

Dans la communauté de Matiavi, on se retrouve avec un groupe de Québécois qui sont en Équateur dans le cadre d'un voyage scolaire. Un professeur de sciences a décidé de faire vivre une expérience originale à un groupe d'une dizaine d'élèves, âgés de 18 à 40 ans, de lycée professionnel.

Thibault : *« Le témoignage du professeur qui nous explique son implication et sa volonté de faire vivre ce voyage à ses élèves m'a vraiment marqué. C'est toujours très intéressant une personne qui dépasse le cadre de son travail pour faire vivre une expérience unique à d'autres. »*

Nous allons dès le lendemain dans une autre communauté à Chazojuan avec Ulrich, un volontaire togolais qui habite dans ce village. Il nous explique alors son projet expérimental sur l'adaptation de la Moringa (plante médicinale miracle) dans la région de Salinas. Un échange très intéressant où il nous explique aussi les difficultés qu'il a rencontrées à son arrivée.

Thibault : « *Je suis alors impressionné de voir à quel point il est intégré à la communauté alors qu'il n'est là que depuis quelques mois. J'ai été marqué par l'une de ses explications où il nous raconte sa rencontre avec une dame du village qui lui demande pourquoi il n'a pas de queue alors qu'il est africain, en référence aux singes.* »

Une vision très dure des peuples d'Afrique sur laquelle il ne s'est pas arrêté et qui ne l'a pas empêché d'avoir l'envie de s'intégrer. Nous admirons sa volonté alors que nous avons ressenti cette position d'étranger notamment pendant nos quatre mois en Asie, où nous nous sommes sentis dévisagés au quotidien et où nous ressentions ce que peuvent ressentir les gens de couleur en France notamment. C'est un formidable exemple qui permet justement à d'autres de changer leurs opinions en le côtoyant.

Le lendemain nous partons animer pendant une heure des grands jeux dans l'école du village pour la journée des enfants. Une nouvelle occasion d'improviser des animations sans matériel (loup, relais, le facteur n'est pas passé, …)

L'après-midi, nous aidons Ulrich à désherber sa serre alors que le groupe de Québécois vient de nous rejoindre pour l'aider aussi. Une journée où l'on apprécie de faire du travail manuel et qui nous rappelle l'écovolontariat que l'on a fait en Australie 3 ans plus tôt. Nous reprenons ensuite la route pour rentrer à Salinas.

Thibault : « *Ce retour m'a vraiment marqué, alors que le soleil se couche, nous montons à travers les montagnes et j'aperçois, au bout d'un virage, le paysage qui se dévoile. Une vue splendide sur le coucher du soleil au-dessus des nuages.* »

De retour à Salinas, nous allons à Texsal faire notre première animation dans une structure. Les débuts sont difficiles alors que les seules femmes présentes sont concentrées sur leurs tricotages. On se regarde alors dans les yeux et nous sentons que ça va être compliqué. Les femmes sont venues pour travailler et faire des vêtements, il va donc être difficile de leur faire faire autre chose. Finalement, après plusieurs tentatives en vain, l'une des responsables nous apporte une grande aide en venant voir nos jeux. Cela attire alors d'autres femmes.

Thibault : « *Alors qu'Agathe est en train de jouer avec une femme qui vient d'arriver avec son enfant, je me retrouve à faire découvrir des jeux à quatre femmes. Elles m'avouent n'avoir jamais joué. Une belle découverte pour elles et une belle satisfaction pour moi.* »

Nous finissons avec d'autres femmes et jeunes et rentrons satisfaits après des débuts qui s'annonçaient difficiles. Nous continuons les animations, cette fois-ci au centre des personnes âgées. Nous devons animer des jeux avec une trentaine de personnes. On se rend vite compte que ça ne va pas être chose aisée.

Agathe : « *Je décide de commencer par le jeu du mémo, mais je me rends vite compte que ces personnes âgées n'ont pas l'habitude des jeux. Elles ne comprennent pas le principe de jouer chacun son tour ce qui rend les règles du jeu infaisables. Je me suis sentie un peu perdue car pour moi j'avais commencé avec un des jeux les plus simples.* »

Thibault : « *Je me suis retrouvé un peu bête au moment de jouer aux dominos. Au bout de quelques instants je comprends que ce n'est pas un problème de compréhension mais le fait qu'ils ne savent pas compter pour la plupart.* »

L'animatrice du centre nous propose de revenir dès le lendemain. En rentrant à l'auberge de jeunesse, nous nous empressons de créer des jeux plus adaptés. On s'était en effet rendu compte que le jeu du Lynx qu'Agathe avait fait la veille avait bien fonctionné. On part alors sur l'idée de faire deux autres jeux plutôt basés sur les couleurs pour ainsi pouvoir les leur faire découvrir le lendemain. Le moment de cette nouvelle animation venue, nous réalisons que ces nouveaux jeux sont bien plus adaptés. Nous partageons alors avec eux des instants simples avec leurs sourires et quelques échanges en espagnol bien sûr. Une belle réussite qui nous encourage pour la suite.

Nous sommes replongés dans la thématique d'économie sociale et solidaire après avoir appris qu'il allait y avoir la première formation sur cette thématique à Salinas. L'idée est de faire de Salinas un lieu de développement d'autres démarches dans le pays. Nous assistons donc à cette première séance et nous sommes chargés de faire des photos pour immortaliser ce moment.

Sur cet élan nous fixons l'interview avec la responsable de l'association de Texsal, l'association de confection de vêtements, une des premières organisations solidaires dans le village. Deux jours plus tard, nous l'interviewons. Quelle surprise de réussir à faire cette interview après avoir fixé un rendez-vous ! Cela nous avait été impossible jusqu'à maintenant, cette notion de rendez-vous n'étant pas ancrée dans les cultures locales.

Thibault : « *Je vois le temps défiler sur la caméra et je ne trouve pas le moyen de l'arrêter dans sa discussion. C'est après 11 minutes qu'elle termine son explication. Je sais déjà que ça va nous demander du travail de synthèse et de traduction pour rester sur un temps raisonnable pour le documentaire.* »

Forts de cette belle réussite et avancée pour le film, nous nous rendons le jour même au centre des personnes âgées pour une nouvelle animation.

Nous essayons alors d'animer le jeu du parachute. Ils sont bien dans le jeu et la plupart sont concentrés et ne veulent pas arrêter. La dynamique est toutefois bien différente qu'avec des enfants et comme pour les autres animations faites ici il faut accepter que certains dorment en même temps.

Thibault : « *Je suis alors autour du cercle avec une dizaine de personnes âgées assises sur une chaise et nous avons partagé une super partie de rigolade grâce au jeu et aussi parce qu'ils se taquinent entre eux dès que l'un d'eux commence à s'endormir.* »

Le lendemain nous avons une conversation vidéo avec une association péruvienne. Nous avons le soulagement de pouvoir échanger avec deux volontaires françaises travaillant à l'association. L'échange est très positif, les actions de l'association sont très intéressantes pour le projet et elles sont prêtes à nous accueillir. Nous devons donc partir au plus vite pour rejoindre Cuzco au Sud du Pérou dès le début du mois de juillet.

Nous annonçons donc à Pathy, la responsable des volontaires, que nous devons partir une semaine avant la date prévue. On l'annonce également aux autres volontaires qui nous font un bon repas pour notre départ.

Avant notre départ nous avons un dernier objectif. Nous nous étions engagés à faire un clip pour un groupe de rap de jeunes du village. Nous faisons alors les prises vidéo et sons avec eux puis dès le lendemain Agathe fait le montage complet. Nous leur montrons le résultat le soir même, la veille de notre départ.

Agathe : « *Je suis impatiente d'avoir leur avis sur leur nouveau clip. Je sens vite que le résultat est satisfaisant en les voyant tout excités en regardant la vidéo. Ils nous remercient chaleureusement à leur manière avec des checks.* »

Nous reprenons la route alors que nous n'avons pas réussi à croiser Pablo avant notre départ. Nous redescendons alors le long des Andes équatorienne, avec la visite de villes ainsi jusqu'à l'arrivée à la frontière Péruvienne quelques jours plus tard.

4

# Se construire ensemble au Pérou

**Du 4 juillet au 12 septembre 2017**

### Le partenaire : l'association Qosqo Maki

L'association Qosqo Maki, fondée en 1990, est implantée dans la ville de Cusco au Pérou. Depuis 25 ans, elle spécialise ses interventions éducatives dans l'accompagnement des enfants et adolescents en situation de rue, âgés de 12 à 17 ans.

### Le projet : cinq espaces d'accueil

Le dortoir est l'un des premiers espaces mis en place par l'association. Il est ouvert toute l'année pour accueillir les enfants de la rue. Il existe deux centres de formation : la boulangerie et la menuiserie afin de faire découvrir la vie professionnelle aux jeunes. Juste à côté du dortoir se trouve la bibliothèque/ludothèque. Un vrai espace de socialisation où différents publics se mélangent et partagent des temps autour de jeux et d'activités diverses. Récemment, Qosqo Maki a ouvert une salle culturelle avec une scène. L'objectif est de proposer des temps culturels. Depuis 2014, l'association développe en parallèle le tourisme solidaire.

*

En bus, nous passons la frontière au nord du Pérou en pleine journée et le changement de paysage est immédiat avec des grandes plaines, de nombreux déchets le long de la route, des maisons précaires, la musique de Céline Dion dans le bus et en ville des tuk-tuks. En l'espace d´un instant nous nous sentions de retour en Asie.

Nous passons notre première nuit au Pérou à Piura. C'est avec un drôle de sentiment que nous traversons cette ville car cela devait être l'endroit de notre projet que nous avions programmé un an avant. Nous voyons les rues abîmées sûrement à cause des inondations survenues quelques mois auparavant. Dès le lendemain nous quittons le nord du Pérou en prenant un avion jusqu'à Lima, la capitale.

En quelques heures, nous arrivons dans cette grande ville aux grands immeubles. Nous rejoignons le centre-ville en taxi où nous découvrons la politesse. N'ayant pas la monnaie, le chauffeur monte d'un ton car il ne doit pas rester longtemps sur le bord de la route et exige que nous donnions un billet qui représente le double du montant dû. Tout en nous faisant des reproches, nous trouvons de la monnaie grâce à notre hôtel juste à côté. Nous comprenons que nos codes où le "client est roi" sont bien différents ici et que nous devrons nous adapter. Avoir toujours de la monnaie sur soi, malgré les gros billets donnés par la banque, est un vrai challenge tout au long du voyage en Amérique Latine. La visite de la capitale est rapide.

Nous décidons ensuite de visiter la côte, en prenant notre premier transport en commun au Pérou.

Thibault : « *Nous arrivons en avance au terminal de bus. La dame au guichet me donne des informations en contradiction avec les renseignements de la veille. Elle nous imprime des billets de bus et je vois que cela ne correspond en rien à ce que je lui ai demandé. Pas la bonne destination et pas le même prix. Nous prenons malgré tout ce bus ayant compris que malgré mon énervement elle ne changerait pas les billets. Nous devons donc prendre ce bus et un taxi pour les derniers kilomètres. Voilà un formidable exemple de ce qui prend de l'énergie tout au long du voyage.* »

La récompense à l'arrivée est magnifique. Nous mangeons avec un splendide coucher de soleil sur le port de Paracas, au centre-ouest du pays. Dès le lendemain, nous découvrons la faune du pays avec les otaries, les pingouins et les milliers d'oiseaux de la réserve naturelle. Nous continuons notre visite par les grandes étendues de sable. Nous ne nous attendions pas à voir un désert de sable au Pérou. Nous profitons même de quelques jours dans un petit village perdu au milieu des dunes.

Début juillet, depuis Nazca, nous entamons un long voyage en bus de nuit pour rejoindre Cusco, la ville où se trouve l'association Qosqo Maki.

Agathe : « *Dès que nous quittons la ville, je sens que j'ai des nausées et je n'arrive pas à avaler mon repas. Je me dis que les 15 heures en bus vont être très longues avec tous les virages dans les montagnes.*»

Nous arrivons en fin de matinée à Cusco et le stress commence à monter. Les habituelles préoccupations avant d'arriver dans un nouveau projet refont surfaces.

Allons-nous réussir à nous faire une place ? Est-ce que le projet va correspondre à nos attentes ? Est-ce que l'on va s'y sentir bien ? C'est pas bien réveillés après le bus que nous rencontrons les premières personnes de l'association. Ils nous laissent le week-end pour visiter la ville et prendre le temps d'arriver, ce que nous apprécions beaucoup. Dès les premières balades dans la ville, nous nous sentons déjà bien dans l'agréable centre historique proche de l'association.

À partir du lundi, nous commençons les réunions en espagnol. Pas toujours évident de suivre et de s'exprimer comme nous le voulons. Finalement, la présence de volontaires et de touristes français dans l'association Qosqo Maki nous soulage de temps en temps. Même si nous progressons petit à petit en espagnol, cela demande toujours de l'énergie et de la concentration. Nous présentons notre projet et la raison de notre venue dans les deux assemblées de l'association : bibliothèque et dortoir. Nous sommes agréablement surpris par la place que laisse l'association aux jeunes et la présence des jeunes en assemblée chaque semaine.

Thibault : « *Je réalise d'un coup en plein milieu de l'assemblée que tous ces jeunes qui m'entourent sont dans une situation de rue et je commence à regarder chacun d'eux et pour essayer de leur donner un âge, certains paraissent tellement jeunes. Je découvre aussi le fonctionnement et je suis impressionné par l'implication et la participation des jeunes lors de cette assemblée. J'ai vraiment le sentiment d'entrer dans leur univers, dans un espace à eux, en assistant à cette assemblée où nous parlons de leur quotidien et de leur organisation au sein du dortoir.* »

Avant de venir, nous appréhendions beaucoup le contact avec les jeunes du dortoir qui sont en situation de rue. Il s'agit pour nous d'un nouveau public et nous avions peur de ne pas être à la hauteur. Nous les imaginions assez fermés et peu communicants à cause de leur histoire et leur quotidien difficiles. Finalement, les jeunes nous ont bien accueillis malgré nos difficultés en langue espagnol. Le sourire sur leur visage, leur besoin d'affection et l'envie d'échanger avec nous, nous ont mis en confiance très rapidement. Nous ressentons tout de même la frustration de ne pas pouvoir échanger comme on le voudrait à cause de la barrière de la langue. De plus, c'est parfois plus dur de comprendre les jeunes qui parlent plus vite et avec des mots plus familiers. Nous constatons un autre niveau de difficulté concernant la langue, comparé aux Bahnars au Vietnam. L'ethnie Bahnar savait que nous ne parlions pas leur langue donc ils essayaient de communiquer autrement avec nous. Ici, en Amérique Latine, les personnes s'attendent à ce que nous nous exprimions en espagnol, ce qui est encore plus frustrant pour nous car les gestes ne suffisent pas toujours et les personnes prennent moins le temps de comprendre si nous n'avons pas les mots. Nos animations et le fait de nous intéresser à eux pour les valoriser dans le film, va permettre de créer ce lien avec les jeunes.

À la fin du mois de juillet, nous participons au nettoyage général du dortoir. C'est un dimanche où les animateurs, les éducateurs et les jeunes échangent d'une autre manière autour du nettoyage de leur espace de vie et autour d'un repas.

Thibault : « *Je rentre alors dans leur espace personnel afin de capturer les premières images du dortoir. Je sens qu'ils sont heureux de me voir là et la plupart m'accueillent avec un grand sourire. Je rencontre Ismaël, un des jeunes, présent depuis quelques mois au dortoir, je partage un moment de complicité avec lui. Il me montre là où il dort et est tout content de montrer qu'il est en train de nettoyer. Des sourires s'échangent et je sens que ce moment est unique et qu'un lien est en train de se créer. Le genre d'instant pour lequel nous sommes venus.* »

Côté animation, c'est dans l'espace bibliothèque que ça se passe. Un espace ouvert à tous : jeunes du dortoir, jeunes et adultes du quartier. Durant le mois de juillet, nous intervenons plus sur les deux premières heures de dix-sept à dix-neuf heures, qui sont des heures libres où les personnes jouent, font leurs devoirs, dessinent. Durant ce temps, nous présentons petit à petit des jeux du bagage à partage. Nous nous rendons compte qu'il y a certains jeux qui sont déjà dans la bibliothèque (uno, jungle speed, domino, …). Quand nous venons à la bibliothèque, certains jeunes nous ont bien identifiés et nous demandent un nouveau jeu à découvrir. En fin de mois, l'équipe d'animation nous propose de mettre en place un premier atelier. Les ateliers se font de dix-neuf à vingt et une heure à la suite du temps plus libre. Comme premier atelier, en lien avec la thématique du mois, nous proposons l'idée que nous essayons de réaliser dans chaque pays où nous allons. Le principe est d'écrire collectivement une histoire où tous les pays ont le même titre "ils réalisent leur rêve".

Agathe : « *Au moment où l'activité commence, je sens qu'il est difficile d'expliquer l'idée du projet avec mon espagnol approximatif. En plus, les jeunes semblent trop dissipés et pas attentifs. Nous commençons par un premier jeu d'écriture qui ne semble pas du tout les intéresser. Ils ne comprennent pas ou ne veulent pas comprendre, ils sortent et rentrent comme ils veulent. L'activité me semble mal embarquée et s'exprimer en espagnol devant tout un groupe est encore un autre exercice. Heureusement un animateur péruvien est venu me soutenir. Je sens qu'il faut que j'écourte le nombre de questions pour réussir à avoir quand même un résultat. Je n'ai même pas pu leur lire les autres histoires créées avant en France et au Viet-*

*nam. A la fin de l'activité, je ressens un peu de décep-*
*tion car il s'agit de notre première animation ratée*
*depuis le début de notre voyage. Nous comprenons*
*que ce n'était pas la meilleure animation pour com-*
*mencer et nous attendons de voir la suite. »*

L'équipe de la bibliothèque choisit le thème du
"jeu" pour le mois d'août et nous demande de faire
une proposition de programme. Nous sommes flattés
par la place qu'ils nous laissent dans l'équipe.
Quelques jours après, nous leur présentons le planning
avec des semaines à thème : jeux coopératifs, jeux
volants, jeux de société, grands jeux.

Nous décidons donc de faire découvrir les jeux
coopératifs pour la première semaine du mois. Une
belle occasion de reprendre confiance avec des animations plus dynamiques comme le jeu du parachute et
le bâton coopératif mais aussi lors d'ateliers créatifs
avec la création de crayons coopératifs.

Nous en profitons également pour faire les différentes interviews dont nous avons besoin, avant de
partir une semaine visiter la vallée sacrée et le célèbre
Machu Picchu. Des interviews que nous arrivons à
caler assez facilement avec un jeune travaillant à la
boulangerie, un autre du dortoir, un jeune très présent
à la bibliothèque et aussi avec la directrice de l'association.

Thibault : « *Nous arrivons pour interroger Nico-las qui est en formation à la boulangerie. Je suis agréablement surpris en voyant qu'il n'a pas oublié le rendez-vous et surtout en voyant à quel point il est à l'aise devant la caméra. Je me sens alors soulagé de voir les tournures que ça prend et me sens plus déten-du pour la suite et les prochaines interviews.* »

Nous avions prévu aussi d'enregistrer un jeune de la menuiserie mais lors de notre venue à l'atelier il y a eu un changement de programme et nous avons atten-du pendant une heure les jeunes. Mais nous sommes venus les voir quatre fois à leur formation de menuise-rie pour qu'ils soient de plus en plus en confiance avec nous. La première fois que nous sommes venus, nous n'avons pas sorti la caméra et les jeunes ne souhai-taient pas être filmés. Au fil du temps, avec nos ve-nues et nos échanges à l'association, les jeunes se prêtent au jeu et posent même pour des photos. Un des deux jeunes, Hector, nous réalise un joli cœur en bois avec nos noms et le sien. Un joli cadeau que nous souhaitons ramener chez nous même s'il n'est pas lé-ger. Il nous fera aussi un petit casse-tête en bois pour notre bagage à partage.

Nous pouvons donc partir soulagés pour notre semaine de visite dans la Vallée Sacrée. Cette semaine est bienvenue pour faire une pause au niveau de la vie en collectivité.

On sent en effet une saturation de la vie en dor-toir et ressentons le besoin de disposer d'un espace personnel. Cette semaine arrive donc à point et nous sommes vite plongés dans le décor qui sera le nôtre pendant toute la semaine en arrivant sur le site archéologique de Pisac. On en prend plein les yeux pendant 7 jours malgré quelques complications ou frayeurs.

Pour visiter les salines de Maras, nous ne souhaitons pas louer un taxi sur la journée comme le font la plupart des touristes. Nous marchons trente minutes jusqu'au site à pied et nous arrivons par le côté non visité.

Agathe : « *Au bout du chemin, je vois enfin l'immensité du décor avec des bassins de sel blanc à perte de vue. Il n'y a personne, nous sommes les seuls et nous marchons au milieu de ces bassins. Nous profitons d'une pause pour observer cette découverte étrange bien différente des autres visites. Ici pas de construction Incas mais des cuvettes de sel, sur différentes hauteurs. Je vois même des personnes travailler dedans. Nous continuons notre chemin et je comprends pourquoi nous n'avions vu personne de l'autre côté. Nous arrivons sur le coté touristique où les visiteurs viennent juste le temps d'une photo et repartent. Ils ne dépassent donc pas les cent mètres. Pour rejoindre le deuxième site, nous devons trouver un taxi. En posant la question à chaque chauffeur, je comprends qu'ils accompagnent tous un groupe. C'est toujours compliqué quand on décide de ne pas suivre le chemin typique touristique. C'est après un long moment, et des négociations, que nous trouvons un chauffeur pour continuer la visite à plusieurs kilomètres.* »

Thibault : « *Dernière étape avant le Machu Pic-chu à Ollantaytambo, je ressens le besoin de profiter un maximum de ce qui nous entoure et propose donc à Agathe de voir les ruines du côté opposé au site touristique. On se laisse guider par notre GPS et arrivons devant ce qui nous semble être le départ du chemin. Nous commençons à l'emprunter et là je vois Agathe qui fait demi-tour et qui m'agrippe par le bras. Je vois aussi surgir un énorme chien, il nous course jusqu'à l'entrée du chemin et s'arrête. Je réalise que nous venons de passer tout prêt d'un moment qui aurait pu être bien plus grave. Nous reprenons nos esprits et avançons un peu plus loin où nous trouvons la véritable entrée du chemin.* »

Nous voici arrivés au moment tant attendu de notre voyage avec la découverte du Machu Picchu. Nous avons décidé de découvrir le site l'après-midi et non le matin comme le font un grand nombre de touristes. Nous avons alors tout le temps de monter jusqu'au Machu Picchu depuis le village où nous a déposé le train. Les dernières minutes avant l'heure d'entrée indiquée sur le billet semblent interminables.

Au moment de notre mariage un seize mai nous avions écrit seize projets à réaliser ensemble. La découverte du Machu Picchu en faisait partie alors que nous ne savions pas encore que nous irions au Pérou dans le cadre de notre projet.

Beaucoup d'attente donc et le voilà qui se dévoile devant nos yeux. Quel bonheur de voir ce décor de carte postale, ce paysage que nous avions tant vu en photos. On reste un long moment sur les terrasses agricoles qui offrent une vue magnifique sur le site. Nous décidons ensuite d'aller visiter l'intérieur avant de refaire le chemin inverse pour nous offrir de nouveau ce magnifique point de vue avec le sentiment d'être privilégiés d'en profiter sans agitation touristique autour de nous.

Nous finirons cette magnifique semaine avec le marché artisanal de Chinchero, où nous ne pouvons pas nous empêcher de craquer pour de beaux souvenirs faits main.

Nous voici donc de retour à l'association avec des objectifs d'animations stimulants.

Toutefois, nous retournons en dortoir pour trois semaines, ce qui nous semble long encore. Nous avons accumulé beaucoup de dortoir en Amérique Latine et nous commençons à rêver à notre espace, en regardant même des annonces immobilières en France.

Agathe : « *Un matin, je retourne dans le dortoir pour prendre des affaires et là à ma grande surprise je vois que mon lit est complètement défait et que toutes mes affaires qui étaient sur mon lit ne sont plus là (peluche de la famille, linge qui séchait, pyjama). Je comprends vite qu'on a confondu mon lit avec la personne qui est partie le matin même du dortoir. Ce n'est pas grave en soi mais le fait d'avoir touché à*

*mon seul petit espace personnel me donne le senti-*
*ment que je n'ai pas de lieu à moi. En plus avec la*
*fatigue accumulée dans le dortoir avec les personnes*
*bruyantes se levant à 6h du matin, je sens que la vie*
*en dortoir rend difficile le bonheur de la socialisation.*
*En plus nous devons toujours avoir avec nous notre*
*matériel de valeur car avec les passages fréquents*
*dans le dortoir, il suffirait d'une personne malhonnête*
*pour anéantir notre projet. Un des volontaires de*
*l'association nous avait même surnommés les sacs à*
*dos. Ce qui nous a fait bien rire. »*

Heureusement nous savons que nous terminons
ce mois à l'association avec une semaine en chambre.

Nous continuons avec plaisir nos animations au
sein de la bibliothèque avec l'habitude maintenant que
les enfants nous appellent "professeur". Les ateliers
s'enchaînent et se déroulent bien avec la création de
boomerangs en carton, de parachutes miniatures, de
bilboquets et d'un grand jeu avec des cases que chaque
enfant a créées durant le mois.

Au milieu du mois, nous participons à une sortie
de la bibliothèque, comme nous l'avions fait à notre
arrivée en juillet. C'est en pleine nature que nous partageons un repas et des activités (slackline, foot,
cartes, cerf-volant) avec les jeunes du quartier et du
dortoir. C'est un samedi en toute simplicité durant
lequel nous ne pouvons que nous attacher encore plus
aux jeunes avec qui nous partageons cette journée.

A la fin du mois d'août, nous présentons dix minutes de notre voyage déjà réalisé avant la fameuse séance film du vendredi soir. Nous sommes surpris par l'attention que portent les jeunes à notre petit bout de chemin.

Thibault : « *Après notre petit film, Hector, un jeune du dortoir avec qui nous avons beaucoup sympathisé, amène sa chaise vers moi et me dit qu'il aimerait bien aller visiter le Vietnam. Je trouve sa remarque très touchante. Je réalise en même temps notre chance de pouvoir voyager, car pour lui s'est bien plus compliqué.* »

Vers la fin de notre deuxième mois à Qosqo Maki, nous profitons d'un samedi pour visiter les environs avec la découverte de la montagne aux sept couleurs.

Agathe : « *Durant cette marche j'ai beaucoup de difficultés à avancer. Nous montons jusqu'à plus de cinq mille mètres d'altitude et je le ressens au niveau de la respiration. Pour les derniers mètres, je décide finalement de monter sur un cheval comme beaucoup d'autres personnes. Je vois Thibault qui avance en pleine forme. Les derniers mètres à pied sont compliqués et j'ai l'impression que je vais planter mon drapeau au sommet. Nous arrivons sur la vue spectaculaire de la montagne colorée avec un vent qui nous oblige à redescendre rapidement. Le retour nous affaiblit tous les deux. L'altitude nous fatigue. Nous allons nous en souvenir de cette balade de onze kilomètres. »*

Notre dernière semaine à l'association arrive. Nous commençons à faire nos remerciements à chacun et en premier lieu auprès des jeunes du dortoir avec notre dernière assemblée. Nous avons acheté pour l'occasion un petit cadeau avec du cacao et de la confiture pour les petits déjeuners et avons fait un panneau avec des photos que nous avons fait imprimer. Nous sentons que cela leur fait plaisir et Coco, l'éducateur, leur demande si l'un d'eux à un mot à nous dire. On trouve sa demande osée et nous ne nous attendons pas à ce que l'un d'eux se lance. Finalement, ils sont même plusieurs à nous dire un petit mot et l'on trouve cela très touchant de leur part.

Nous profitons, le lendemain, d'un dernier petit déjeuner dans le dortoir pour capturer les dernières images possibles du projet. A chaque fois que nous sommes venus à leur réveil, les jeunes se prêtent bien au jeu et ils restent naturels devant la caméra. Le lien créé avec eux tout au long de ces deux mois permet de venir filmer sans trop les déranger. Ils sont toujours contents de nous voir arriver dans leur espace à eux.

Thibault : « *Je parcours les différentes chambres du dortoir pour filmer et là je vois un des jeunes encore dans son lit. Je lui parle et comprends qu'il a besoin de son pantalon qui est pendu. Je vais donc lui chercher et là en le prenant je me rends compte qu'il est tout mouillé. Je comprends alors que c'est son seul pantalon et qu'il n'a pas le choix et doit l'enfiler mouillé, une dure réalité.* »

Comme dans les autres pays, nous avons les bracelets faits en France par deux femmes du Cocon, que nous offrons. Nous sentons à chaque fois que ce geste symbolique est très apprécié. C'est notre manière à nous de dire que nous ne les oublierons pas et que nous gardons ce lien avec le bracelet que nous montrons à chaque fois à notre poignet quand nous les offrons.

C'est avec un fort sentiment de satisfaction, lié au projet, que nous continuons notre route début septembre. Nous rejoignons pour quelques jours l'Amazonie pour un changement de décor. Fini l'altitude, place ici aux grosses chaleurs et à une faune et une flore très riches. Un dépaysement total dans cet environnement si différent de ce que l'on a pu voir jusqu'à maintenant dans les Andes. De nombreuses découvertes grâce à des guides passionnés par ce qu'ils font et par ce qu'ils nous font découvrir. Une jungle pleine d'arbres somptueux et gigantesques, paradis des singes et des perroquets notamment.

Nous finirons notre périple péruvien au niveau du lac Titicaca et notamment avec les îles Uros très colorées et folkloriques. Une date spéciale marquée par la naissance d'un petit neveu.

Nous voici donc prêts à passer la frontière pour rejoindre notre dernier pays d'Amérique latine, la Bolivie.

Une frontière terrestre très spéciale où nous nous retrouvons finalement dans ce qui ressemble plus à un énorme souk où l'on vend de tout. C'est donc sans la moindre indication et sans la moindre aide des membres de la compagnie de bus que nous devons faire tamponner nos passeports pour être en règle. Nous croisons les autres passagers qui paraissent encore plus paumés que nous.

Thibault : « *Je vois tout le monde un peu perdu au milieu de ce bazar environnant. Je réalise en traversant la frontière à pied qu'aucun de nous ne sait où retrouver le bus. Après de longues minutes à chercher, le bus est finalement caché à l'arrière d'un bâtiment avec le chauffeur pas du tout inquiet de ne voir personne arriver. Nous partons finalement avec un questionnement du chauffeur qui pense qu'il manque une personne et qui nous reproche de ne pas savoir si en effet il manque quelqu'un. Il décide alors de continuer sans vérifier.* »

Ça promet pour la Bolivie !

5

# Rester digne ensemble en Bolivie

## Du 12 septembre au 5 octobre 2017

### Le projet valorisé : le comedor

Le comedor "Olla de la madre" (la marmite de la maman) est un projet autonome, en lien avec la paroisse de Cochabamba, qui existe depuis près de 20 ans et qui a servi de modèle pour le reste du pays. Du lundi au vendredi, la salle à manger accueille, le midi, environ une cinquantaine de personnes âgées, qui pour la plupart n'ont plus de lien avec leur famille.

L'équipe de "Olla de la madre" propose un repas à six centimes d'euro, ce qui correspond au prix du pain. Cette participation symbolique permet à chacun de profiter d'un bon repas. Ce coût limité est possible grâce aux dons et à la forte implication de volontaires Boliviens. Au-delà de ce soutien alimentaire, les personnes peuvent venir se laver, laver leurs vêtements et lire le journal. Certaines personnes viennent aussi en avance pour aider à la préparation du repas, à la vaisselle ou pour préparer la salle à manger.

*

C'est après douze heures de trajet, sans pause repas ni toilette, que nous arrivons enfin dans la grande ville de La Paz. Durant ces trois jours dans cette immense ville, nous commençons à ressentir une baisse de moral et la pluie ne nous aide pas à nous aérer l'esprit. Nous commençons ensemble à rêver d'une vie plus stable où il n'y aurait pas besoin de se préoccuper de l'organisation du lendemain, pas besoin d'utiliser des transports en commun interminables et où on pourrait retrouver ses repères, ses proches et un meilleur confort. L'envie de rentrer s'installe de plus en plus dans nos têtes. Autant pour certains la routine veut être évitée, autant pour nous ça devient une obsession. Nous savons qu'en rentrant nous allons l'apprécier.

En visitant la ville nous sentons que l'excitation de la découverte n'est plus présente et nous ne sommes pas émerveillés ou dépaysés autant que nous pouvions l'être les premiers mois de notre projet ou au début de l'Amérique Latine. Ce qui était pour nous une aventure au début devient maintenant petit à petit une contrainte de plus qui s'ajoute à notre fatigue. Comme nous privilégions les hôtels les moins chers, nous avons par conséquent moins de confort. En Bolivie, avec la baisse de moral, nous sentons que nous apprécions moins bien d'être mal accueillis, voir ignorés dans les hôtels, nous ne supportons plus de marcher parfois une heure pour trouver enfin un magasin, de prendre des douches froides ou de séjourner dans une chambre glauque sans fenêtre.

Agathe : « *Le matin dans l'hôtel de La Paz, je suis surprise en découvrant le petit déjeuner. Sur le coup, je me dis que les hôtes sont un peu radins. Nous avons droit à un petit pain rond avec une portion de confiture et de beurre, même pas suffisant pour tout mon pain. Du coup, je demande à la dame d'avoir un peu plus de beurre pour terminer mon déjeuner. Elle me répond que c'est la portion. Je comprends donc que je n'en aurai pas plus.* »

Après La Paz, nous continuons notre route en bus pour rejoindre la ville de Cochabamba, au centre du pays, où nous allons pour notre projet. Nous prévoyons de rester une semaine sur place pour filmer l'association avec qui nous avons eu des échanges par mail auparavant. C'est toujours avec un certain stress et beaucoup d'appréhension que nous allons en direction du prochain projet à découvrir. Cependant, cette fois-ci, la boule au ventre est là pour tous les deux, l'appréhension est encore plus forte. Nous espérons que cette association correspondra à notre projet sur le vivre ensemble. Contrairement aux autres partenaires, nous avons eu moins d'échanges et d'informations, juste l'idée principale qui est d'informer et de débattre de tout sujet sur la place publique avec les habitants. Pour nous imprégner d'avantage du projet de cette association, nous décidons de loger sur place, dans leurs locaux comme ils nous le proposent. Avec le retard du bus, c'est dans la nuit que nous arrivons à Cochabamba.

Thibault : *« J'appréhende le long de la route entre l'association et l'endroit où le bus nous a déposés. Au moment d'arriver à pied devant l'association, un grand silence. Je ne sais pas quoi dire à Agathe et je sais qu'il en est de même pour elle. La porte est close, le mur tagué, aucun signe de vie à l'intérieur et la rue est déserte. Sommes-nous devant une association ou devant un squat ? La question est bel et bien présente dans ma tête. On se regarde et je sens tout de suite de désespoir dans le regard d'Agathe. Nous nous concertons et décidons sans trop d'hésitation de trouver un hôtel pour la nuit et d'aviser le lendemain, même si je sens bien que notre décision est déjà prise. »*

Encore un coup dur pour nous, encore un imprévu à gérer. Nous ressentons une vraie baisse de moral et nous n'avons plus l'énergie pour forcer les choses. Tous les deux, nous avons beaucoup d'appréhensions et de questionnements sur cette association. Nous ne remettons pas en cause leurs actions mais plutôt la cohérence en lien avec notre projet. Au fur et à mesure des recherches sur Internet, nous nous rendons compte que l'association à une forte implication politique. La politique n'est pas un domaine que nous maîtrisons et nous pensons que ce n'est pas une bonne idée d'intégrer une association qui peut sembler extrémiste. Nous leur envoyons un message en trouvant des excuses pour ne pas loger chez eux ensuite mais nous ne fermons pas l'idée de les rencontrer le lendemain. Au fond de nous, nous espérons quand même qu'ils ne donneront pas suite à notre message.

Nous avons donc une semaine pour trouver un autre projet à valoriser. Ça ne laisse pas beaucoup de temps et nous serions déçus de ne rien présenter en Bolivie, alors que nous puisons dans notre énergie pour continuer dans ce pays. Nous revenons sur une autre idée de projet que nous avions lue en arrivant en Amérique Latine : les cantines populaires. Par chance, il en existe une à Cochabamba. Rapidement, nous nous rendons directement sur place mais malheureusement c'est fermé pendant le week-end. L'attente est longue pendant ces deux jours et nous espérons que la cantine populaire acceptera que nous filmions, avec un délai si court.

Le dimanche soir, nous recevons enfin une réponse de la première association. On ne s'attendait pas évidemment à une réponse sympathique mais leur message, limite insultant car nous n'avions pas essayé d'appeler, nous confirme l'idée de ne pas poursuivre avec eux. Nous leur répondons, en mettant toute la faute sur nous, pour baisser les tensions.

Nous sommes lundi, et nous n'avons plus que quatre jours prévus à Cochabamba. Autant dire pas beaucoup de temps pour filmer et comprendre un nouveau projet. Avec tout notre courage, et notre espagnol encore approximatif, nous franchissons la porte de la cantine populaire.

Agathe : « *Une fois dans la cantine, je sens que tous les regards se braquent sur nous. C'est sûr, nous sommes vite repérables. Nous traversons la pièce, pas très à l'aise, pour trouver une personne à qui nous adresser. J'ai peur d'être montrée du doigt ou d'être appelée Gringos (en accord avec : les blancs) comme nous avions déjà connu dans les rues de Bolivie. Mais heureusement, je vois les personnes nous sourire et nous dire bonjour. Ça donne tout de suite plus de confiance pour demander plus d'informations sur le projet. »*

C'est avec un grand soulagement, et une grande reconnaissance que nous revenons dès le lendemain pour découvrir ce projet de cantine populaire. Un projet qui permet d'offrir un repas aux personnes âgées vulnérables et de créer du lien social.

Thibault : *« Dès les premiers instants, je sens que nous sommes les bienvenus, que les gens sont contents de nous voir. Je commence à filmer et ne sens aucune réticence, au contraire j'ai droit à de nombreux sourires. Petit à petit, les vidéos s'enchaînent en même temps que la journée avance, avec une satisfaction qui se lit sur mon visage tout sourire et celui d'Agathe. Je me sens soulagé d'avoir su rebondir rapidement et d'avoir trouvé un projet que nous sommes fiers de valoriser. »*

Agathe : *« Au moment de servir le repas, les bénévoles me proposent de venir aider. Je déambule au milieu des tables pour servir. Je sens que je suis l'attraction du jour et que ça fait rire les personnes âgées présentes. J'avoue, je mets plus de temps à servir car les gens m'interpellent pour me questionner et échan-*

*ger un bout de conversation avec moi. Un moment qui redonne de l'énergie.* »

Nous prenons notre repas avec eux et nous continuons la conversation autour de la vaisselle. Nous avons partagé un moment avec des Boliviens, ce qui n'est pas évident quand on ne fait que du tourisme. Tout le monde retourne en ville à ses occupations. Nous voilà heureux à l'idée d'avoir un projet à présenter. Nous sommes d'autant plus satisfaits car l'accueil a été impressionnant. Cette initiative a un réel sens de cohésion, d'entraide et le sourire des personnes âgées nous a permis de nous sentir rapidement à l'aise.

Soulagés, nous reprenons la route avec la visite du site incontournable du pays : le salar d'Uyuni. Le premier jour nous sommes perdus au milieu de l'immense désert de sel, un désert blanc à perte de vue. Les deux jours suivants nous sommes agréablement surpris par la suite du désert, totalement différent et moins connu, avec ses lagons de couleur et ses flamants roses par centaines.

C'est reparti pour un trajet en bus afin de rejoindre la ville de Potosi, au sud. Il s'agit d'une ville connue pour ses mines mais nous ne les visiterons pas au vu des commentaires alarmants sur l'absence de sécurité laissés depuis deux ans sur Internet. Nous décidons de flâner dans les rues de la ville et de monter à un point de vue identifié sur la carte.

Agathe : « *Au moment d'aller vers le coté qui donne une vue sur les mines, deux chiens déboulent vers nous. Mon premier réflexe est de courir même si je sais que ce n'est pas le mieux. Je retourne, avec Thibault vers le parking, là où nous avions discuté avec un Bolivien juste avant. En venant vers lui, je cherche un peu son aide. Un des deux chiens montre bien ses dents et nous ne pouvons plus prendre le chemin pour redescendre. La maîtresse du chien arrive et nous dit que c'est bon, nous pouvons passer. À peine nous avançons, le chien se remet à grogner mais la maîtresse n'a pas l'air de s'en soucier. Heureusement le Bolivien fait diversion et nous pouvons redescendre avec le stress qu'on soit suivi. Mais le soulagement est de courte durée car une fois en bas, c'est deux nouveaux chiens qui nous aboient dans une rue. Je sais que la peur est là et que les chiens la ressentent. J'arrive finalement à prendre sur moi mais une fois passée, je craque, marre de tous ces chiens en liberté que nous rencontrons pendant notre voyage.* »

Nous poursuivons notre voyage avec d'autres ville comme Sucre et Santa Cruz. Pour prendre de l'énergie, nous profitons des jus d'orange pressés manuellement par des petits vendeurs et leur charrette sur les places centrales. Nous sentons le manque d'activités, on s'ennuie vite dans nos chambres d'hôtels une fois finie la visite de la ville. Les petites contrariétés du quotidien ont rendu difficile le voyage en Bolivie. Nous avons conscience que notre ressenti aurait peut-être été différents si nous avions commencé par ce pays. La fatigue est bien là, l'envie de rentrer aussi mais nous ne souhaitons pas abandonner maintenant.

Il nous reste un continent : l'Afrique. C'est après une journée d'attente avec nos sacs à dos que nous quittons l'Amérique Latine.

# 6

# Apprendre ensemble à l'Ile Maurice

## Du 6 octobre au 5 décembre 2017

### Le partenaire : ONG Anges du Soleil

Depuis 3 ans et demi, l'ONG Anges du Soleil a pour objectif d'aider les familles vulnérables de la région de Tamarin et Rivière Noire à travers l'éducation. Le projet a commencé avec deux enfants et aujourd'hui l'association en soutient cent quarante.

### Le projet : Un soutien éducatif

Anges du Soleil apporte un soutien éducatif aux enfants en permettant à certains d'accéder à l'école et pour un grand nombre à des activités sportives et culturelles que les parents ne peuvent pas leur offrir. Chaque semaine, les bénévoles animent aussi des séances d'éveil pour 9 enfants âgés de 3 à 7 ans basées sur le jeu. Anges du Soleil propose aussi du soutien scolaire plus personnalisé. Encore grâce aux partenariats avec des clubs, des associations ainsi qu'avec la générosité sur l'île, l'ONG propose ponctuellement des sorties ou activités pour les enfants. Elle souhaite dorénavant ouvrir une école alternative.

*

Après trois jours d'escale à Madrid à profiter de celle belle ville et à redécouvrir des repères européens avec notamment les terrasses pour boire un coup et la facilité de se servir en eau au robinet, nous redécollons direction l'île Maurice.

Une arrivée que nous faisons sans nos bagages qui sont restés à Londres au moment de notre escale rapide d'une heure. C'est alors que nous découvrons l'accueil Mauricien. Juanito, le papa de la famille créole où nous allons loger le premier mois, a patienté deux heures à l'aéroport en attendant que l'on règle nos soucis de bagages. Cela ne l'a pas empêché de nous accueillir avec le sourire. Un accueil qui va se prolonger en faisant connaissance avec le reste de la famille.

Toute la famille habite au même endroit à des étages différents. Il y a la famille de Juanito, ses parents en bas, et ses trois frères et leurs familles à d'autres étages. La sœur de Juanito habite avec son mari dans une autre ville. Nous comprenons vite que la vie de famille est primordiale ici. Ils vont tout de suite nous mettre à l'aise et nous faire comprendre que l'on est comme chez nous. Un sentiment qui nous fait un bien fou alors que nous ressentions la fatigue depuis un moment.

Agathe : « *Comme nous n'avons pas nos bagages, Amélia, l'aînée de Juanito, décide de me prêter*

*des habits en attendant. Elle me donne un tas de vê-*
*tements que je prends plaisir à découvrir. Cela fait si*
*longtemps que je n'ai pas mis de robe ou d'autres*
*habits plus féminins que mes pantalons de routard.*
*Voyant que ça me faisait plaisir elle me laissa ses*
*habits même une fois les bagages récupérés. »*

Thibault : « *Je suis surpris de voir en arrivant*
*que c'est Amélia, la fille ainée de la famille, âgée*
*d'une vingtaine d'années qui nous laisse sa chambre.*
*Dès nos premiers échanges j'ai tout de suite vu sa*
*générosité et sa maturité. Elle fait tout pour que l'on*
*se sente comme chez nous et je dois dire que c'est*
*réussi. »*

Nous nous imprégnons alors de l'ambiance locale au sein de la famille. Nous sommes impressionnés par la volonté de Juanito. Il a été amputé d'une
jambe suite à un accident à moto. Nous comprenons
que sa petite famille a traversé une période difficile
mais aujourd'hui sa joie de vivre est communicative.
Nous le voyons danser, jouer de la batterie, il nous fait
vite oublier qu'il a une prothèse. Nous profitons de
nombreuses soirées festives avec la famille. Pas besoin d'aller bien loin pour manger ensemble, il suffit
de descendre ou monter un étage. Toujours de bonnes
choses à manger, des bières et du whisky qu'on vous
ressert quand le verre est vide, de la musique, et des
rires.

De belles occasions d'échanger mais aussi de
nous confronter à des problèmes de langue. En effet,

alors que nous pensions avoir fait le plus dur en Asie et en Amérique Latine, nous devons une nouvelle fois accepter de ne pas tout comprendre car les Mauriciens parlent créole entre eux. Nous pouvons toutefois nous exprimer en français ce qui fait quand même une grande différence. Nous sentons aussi que la famille fait des efforts pour éviter de trop nous mettre de côté en s'adressant à nous et nous faisant quelques explications de la discussion en cours. En plus de ces repères linguistiques francophones, nous apprenons à redécouvrir un monde qui nous semble aujourd'hui étranger. Nous redécouvrons notamment les centres commerciaux et les supermarchés, tout nous semble gigantesque et l'on a l'impression d'être comme des enfants dans un magasin de jouets. Plus besoin de faire des kilomètres pour trouver de quoi manger et boire, et il y a tellement de choix. Nous apprenons aussi à apprécier de nouveau les repas. L'Île Maurice dispose d'une grande diversité gastronomique basée sur les différentes origines des Mauriciens. Nous découvrons des plats européens, hindous, créoles et chinois. Des repas qui nous changent du poulet riz ou frites d'Amérique Latine où nous mangions pour nous nourrir et non plus pour le plaisir.

Thibault : « *Je redécouvre notamment le bon goût du gratin. Clémentine, la petite sœur d'Amélia est d'ailleurs toute contente de nous en faire régulièrement pour nous faire plaisir. Quel bonheur de manger par gourmandise.* »

La semaine après notre arrivée, nous participons à la fête de Divali, une fête Hindoue où les gens offrent des gâteaux au voisinage et où chacun met des lumières près de sa maison. A travers cette fête nous découvrons la mixité de l'île. Même si ce n'est pas toujours facile, il existe un vrai respect entre chaque communauté. Et les fêtes de chaque religion sont l'occasion pour tous d'y participer. Nous fêtons donc Divali et partageons un repas hindou avec les mains.

Comme cela se passe souvent à l'Île Maurice, nous profitons d'une journée à la plage près de la fameuse montagne du Morne. N'ayant qu'une voiture pour la vingtaine de personnes comprenant amis et famille, ils décident donc de louer un bus. On se rend vite compte que c'est le moyen souvent utilisé pour se déplacer en famille. Pour cette journée, nous sommes posés pour discuter, se baigner, manger, faire des grillades.

Agathe : « *Lors du retour de la plage, dans le bus, nous découvrons enfin la musique traditionnelle Sega. Toute la famille se met à chanter, et l'un d'entre eux tape le rythme avec l'instrument ressemblant au tambourin. Je ne peux m'empêcher d'immortaliser ce moment de joie en vidéo.* »

Quelques jours après notre arrivée sur l'île, nous nous intégrons petit à petit au sein de l'ONG Anges du soleil. Nous assistons alors à une réunion avec les familles bénéficiaires et nous prenons connaissance de l'ensemble des actions de l'ONG. Nous prenons ensuite le temps d'échanger avec Sylvie, la fondatrice de l'association qui nous laisse le champ libre pour faire un planning d'animations.

Arrivant au début des grandes vacances mauriciennes, nous comprenons alors que ces différentes activités vont être très utiles et vont permettre aux enfants de s'occuper pendant les vacances longues de plus de deux mois.

Le temps que ces animations se mettent en place, nous en profitons pour réaliser les différentes interviews dont nous avons besoin. Nous commençons donc par Sylvie qui nous explique l'ensemble des projets de l'association. Nous sommes impressionnés par ce qu'elle a mis en place, sa volonté et sa reconnaissance envers les autres, ce qui permet d'intégrer de nombreuses personnes dans ces projets (bénévoles, parents, autres organismes, …). Nous apprécions aussi l'intérêt qu'elle porte à notre démarche et notre projet. Ensuite, elle nous met en relation avec une maman très active de l'association et dont les enfants participent à beaucoup d'activités de l'ONG. Une interview qui va se programmer très facilement et pour laquelle nous serons encore une fois très bien accueillis.

Agathe : « *Avec la maman, nous passons aux questions plus personnelles pour l'introduction du documentaire. Avant de commencer, nous devons installer l'arrière-plan, avec la toile colorée du jeu du parachute. A chaque fois c'est un vrai casse-tête pour faire notre installation dans les endroits où nous in-*

*terviewons les personnes. Nous en rigolons avec la maman. Et pendant que nous essayons de fixer avec des pinces à linge, des cordes et un balai, la maman nous dit qu'il faudrait aussi qu'on film cette installation improvisée. En effet, sur la caméra l'image est cadrée et on ne voit pas que je suis bras tendu avec un balai pour maintenir la toile. »*

Nous réalisons une troisième et dernière interview avec une bénévole mauricienne qui elle aussi nous accueille chez elle. Trois interviews qui nous permettent d'avoir la trame pour le documentaire et qui se sont réalisées avec une facilité dont nous n'avions plus l'habitude. Il faut dire que la compréhension du français a été un gros élément facilitateur. Nous démarrons donc nos animations avec un gros objectif déjà atteint.

Nous rencontrons pour la première fois les enfants lors de l'atelier d'éveil proposé pour les petits les lundis après-midi. Nous allons participer à d'autres ateliers d'éveil où nous aimons retrouver les bouilles craquantes des enfants. Des moments permettent aussi de rencontrer des bénévoles et découvrir les actions de l'ONG Anges du soleil. Nous prenons aussi le temps de découvrir et filmer les activités dont les enfants bénéficient grâce à l'association, qui ont lieu au club de sport ou au centre de jeunesse (foot, piscine, gym, danse classique indienne, karaté, …). Nous accédons là aussi avec beaucoup de facilité aux différentes activités et nous étalons nos prises de vue sur l'ensemble des semaines.

Pour nos animations, qui se déroulent les lundis, mardis et mercredis, nous avons la chance d'avoir à disposition deux belles structures comme le centre de jeunesse à la cité de Tamarin et le terrain de foot au village de Tamarin.

Thibault : « *Je commence à stresser pour la première animation. Le doute arrive au fur et à mesure que l'heure approche. Je ne sais pas si le message et bien passé. Une demie heure avant l'animation me voilà finalement rassuré, un grand nombre d'enfants attend déjà au pied de la maison.* »

Beaucoup de ces enfants sont des voisins et nous les croisons régulièrement avec leurs parents.

Agathe : « *Le premier mois, quand nous habitons chez la famille, les deux jeunes voisins viennent au dernier étage pour être en face de notre chambre. Ils nous demandent, depuis la terrasse d'en face, s'il y a bien une activité le lendemain ou l'après-midi même. J'apprécie beaucoup de voir leur sourire et leur coucou au moment où nos regards se croisent, en haut de la maison.* »

Les animations se succèdent avec la découverte de jeux de société, la création de bilboquet et de boomerang, des olympiades, des jeux de plein air, des jeux de théâtre, ...

Agathe : « *Au moment de sortir les jeux de société les enfants portent une attention particulière sur un objet que je ne pense pas important à ce moment : le sablier. Ça me fait rire de les voir si intrigués et retourner le sablier sans arrêt. Nous inventons donc un nouveau jeu. Le temps d'un sablier, faire le plus d'aller-retour en courant.* »

Nous avons à chaque fois un grand nombre d'enfants et nous devons d'ailleurs improviser une initiation au basket avec trente-cinq enfants.

Thibault : « *Je suis tout content de pouvoir partager ma passion du basket avec les enfants mais je sens rapidement qu'il va y avoir un gros problème. Les enfants arrivent au fur à mesure et finalement il faut faire en sorte que la trentaine d'enfants puisse jouer sur un seul et même terrain.* »

Nous prenons plaisir à faire les animations et nous sommes contents, à chaque fois, de retrouver les enfants pour leur faire découvrir de nouveaux jeux ou pour en refaire qui leur ont plu. Petit à petit, nous retrouvons régulièrement les mêmes et un groupe se constitue. Nous allons alors nous rendre compte que les enfants vont commencer à prendre plus confiance et leur grand respect et leur bonne humeur va laisser place à quelques petits débordements.

Agathe : « *Nous sommes au terrain de foot et il fait très chaud. Nous restons dans le peu d'ombre* qu'il y a pour jouer à la balle aux prisonniers, un jeu que les enfants redemandent souvent. Mais je sens qu'avant même de commencer les enfants sont surexcités car nous avons déjà du mal à constituer les équipes. Une fois le jeu commencé, nous sentons vite une rivalité, des remarques moqueuses, de l'énervement. Je propose donc à Thibault d'intégrer chacun une équipe pour essayer d'équilibrer les passes et mettre un peu de bonne humeur et de fair-play. Mais rien à faire, aujourd'hui ils ont décidé de s'affronter, de se faire mal en lançant le ballon et de se crier dessus. Nous décidons d'arrêter l'activité au moment où un des enfants finit par tomber. L'amusement n'est pas là comme aux autres animations et je suis déçue. »

Nous en discutons alors avec eux et leur expliquons que l'on préfère continuer avec la même ambiance qu'au début. Nous appréhendons alors le fait qu'un petit malaise se soit installé mais finalement nous reprenons les jours suivants avec à nouveau leur sourire et leur bonne humeur.

Un centre de loisirs en France, à Autun, a pris le temps avec des enfants d'écrire des lettres, de présenter leur ville et de faire des dessins, pour que nous réalisions un échange avec d'autres enfants pendant notre année. C'est à l'Île Maurice que nous prévoyons cet échange. Sur une des dernières activités, nous proposons donc au groupe d'échanger avec les enfants du centre de loisir de France.

Agathe : « *Je suis agréablement surprise par l'intérêt que portent les enfants à cet échange de lettres et de dessins. Au moment où je dis que certains enfants de France n'ont jamais vu la mer, un des jeunes est surpris et ne comprend pas comment c'est possible. Pour eux la mer fait partie du paysage de tous les jours. Alors je lui demande si lui a déjà vu la neige mais évidemment sa réponse est négative. Un échange bien intéressant.* »

Pour ces nombreuses animations, nous nous sommes sentis utiles pour divertir ces enfants pendant leurs vacances. Certains d'entre eux passent leur journée de vacances à garder leurs petits frères ou petites sœurs ou à accompagner leur maman au travail. Nous avons eu la chance d'avoir un grand nombre d'enfants et cela grâce à l'implication des parents pour transmettre l'information. Une implication importante des parents que nous avons pu constater lors des réunions mensuelles prévues pour échanger avec l'association.

Thibault : « *Sylvie nous fait entièrement confiance pour nos animations et même plus généralement. Lors de la réunion j'informe Sylvie que s'il n'y a pas assez de place pour la sortie prévue le mois suivant elle peut nous désinscrire pour laisser la place à plus de parents. Elle me dit que ce n'est pas possible car nous sommes les responsables pour la sortie. Je réalise alors tout de suite qu'elle nous considère vraiment comme des collègues, comme si nous travaillions ensemble depuis des mois.* »

Comme à notre habitude, dès que nous pouvons, nous suivons les actualités du monde. En novembre, nous entendons parler de Madagascar. Nous constatons malheureusement que la peste fait des ravages dans le pays. Plus de deux mille personnes sont contaminées et deux cents sont décédées. On se sent toujours impuissants en écoutant ce genre d'actualité. Nous sommes à la fois tristes par cette nouvelle mais il faut avouer aussi, et c'est peut-être égoïste, nous nous sentons soulagés de ne pas y être allés finalement. Car il s'agit du pays, à l'origine, où nous devions aller. Avant notre départ de France, l'association avec qui nous étions en contact, nous avait avertis qu'il était préférable de changer de pays. Quand on voit les actualités, on se dit que c'était une bonne idée.

Pour notre deuxième mois à l'Île Maurice, nous changeons de lieu. Un changement important pour nous car nous avons loué un appartement et une voiture. Nous retrouvons le soulagement et le plaisir des choses simples dont on ne se rend plus forcément compte en France comme : avoir son indépendance avec la voiture et ne plus se préoccuper des horaires de bus ni se demander comment aller à tel endroit, avoir un frigo pour prévoir plusieurs repas et éviter de se demander où et quoi avant chaque repas, avoir son espace et gérer son temps. Nous étions très bien accueillis dans la famille mais nous apprécions de retrouver, après dix mois, un "chez nous".

Sur le début du deuxième mois, nous accueillons pour deux semaines les parents de Thibault.

Thibault : « *J'ai vraiment hâte de recevoir mes parents. Une grande impatience et une envie de leur faire découvrir la vie locale. Je leur ai préparé un beau programme. C'est le premier voyage en avion pour ma maman et mon papa n'en a pas fait depuis plus de vingt ans. J'ai envie qu'ils se souviennent longtemps de cette expérience. Des retrouvailles aussi qui font du bien après plus de dix mois sans les voir et donc une belle coupure dans notre éloignement de la famille avant notre retour.* »

Avec les parents, nous en profitons pour visiter et découvrir les richesses de l'île. Nous comprenons vite pourquoi cette île est un lieu réputé pour des vacances paradisiaques. Nous participons également à un baptême.

Thibault : « *Je suis heureux que mes parents puissent vivre un moment authentique au sein de la famille créole. Ils ont alors l'occasion de découvrir l'esprit festif local sur des rythmes de musique Sega. Je me sens vraiment bien et me souviens de l'accueil d'Amélia qui nous disait d'être comme chez nous. Je me sens dans mon élément et je sens qu'un lien fort s'est vraiment créé. L'ambiance dansante est agréable et j'apprécie de réentendre les chansons que nous entendons depuis notre arrivée et qui me semblent maintenant familières.* »

Nous découvrons les plages, les excursions sur les îles, le plaisir du masque et tuba pour voir la vie sous-marine avec des bancs de poissons colorés, la rencontre dans la cage des lionnes au zoo safari de l'île, les singes en liberté dans un lieu sacré hindou, ... Un vrai régal pour les yeux.

Pendant notre dernier mois, nous profitons plusieurs fois de l'excursion pour nager avec les dauphins, en compagnie d'un ami de la famille créole qui a son bateau. Nous partons tôt le matin pour éviter le rassemblement de bateaux qui vient ensuite. A chaque fois, nous vivons chacun des instants magiques.

Agathe : « *Nous voyons un groupe d'une trentaine de dauphins tournoyer autour des quelques bateaux présents. Nous sautons dans l'eau pour les rejoindre. Je ne savais pas à quoi m'attendre quand j'ai appris que j'avais la possibilité de nager avec les dauphins. On arrive à les voir passer mais c'est dur de les suivre. A un moment, quand tout le monde se demande où sont passés les dauphins, je les vois en dessous de moi avec le masque. Heureusement je me sens à l'aise dans l'eau et je peux les suivre avec mes palmes. Je me retrouve seule, au milieu d'eux, je les entends, je pourrai les toucher mais je n'ose pas. Me voilà qui nage avec eux pendant plusieurs minutes. Je n'ai pas la caméra à ce moment-là mais cet instant reste gravé dans ma mémoire à jamais. C'est un rêve d'enfant qui se réalise.* »

Nous commençons à prendre un rythme avec les animations, les prises de vues, les différentes rencontres et visites. Le temps passe vite.

Fin novembre, nous visitons la future école alternative de l'ONG Anges du soleil. Vincent, un membre de l'association très actif et bientôt salarié de la future école nous fait la visite avec son grand enthousiasme. Nous sommes impressionnés par l'ampleur du projet. Le jour où nous découvrons les locaux de la future école nous devons faire preuve d'imagination car il y a beaucoup d'aménagements et de travaux encore à faire. Mais Vincent, arrive bien à nous projeter en nous expliquant toutes les possibilités. A tel endroit il y aura un four à pain, à un autre le jardin, les enfants pourront grimper dans les arbres, faire du roller, donner à manger aux poules, ... Déjà de nombreuses idées qu'il nous transmet, avec sa bonne humeur naturelle. Nous comprenons qu'ici les enfants apprendront selon leurs envies, leurs rythmes, en jouant et faisant des activités. Un beau projet qui en est à son démarrage et dont nous avons hâte de suivre les évolutions.

Fin novembre, dans la satisfaction de la bonne avancée du projet à l'Île Maurice, nous apprenons une triste nouvelle. Le grand-père de Thibault est décédé.

Thibault : « *Je ressens d'un coup toute la distance qui me sépare de la famille. Une impression étrange de ne pas me sentir à l'endroit où je devrais être. J'aimerais être proche de ma famille et de mon papa notamment. Un instant tant redouté au moment de partir et que j'espérais ne pas avoir à vivre. Je fais alors tout ce que je peux pour être au plus près de mes proches en allant à l'église au moment de la cérémonie et en envoyant une bougie à la mer pour mon papi, lui qui aimait tant aller dans le midi. Un dur moment mais je prends sur moi et essaye d'aller de l'avant pour profiter de ce que je vis ici. Je sais que c'est ce qu'il aurait voulu. »*

Nous nous sentons bien à l'Île Maurice, nous prenons vite des repères et nous apprécions d'avoir enfin un rythme et une certaine indépendance avec la voiture et le logement. Cependant, nous devons toujours penser à la suite et l'organisation de notre dernier projet au Sénégal va vite nous préoccuper. Depuis un moment, les échanges avec notre contact au Sénégal sont limités. Nous imaginons que la connexion internet là-bas doit être compliquée, ce qui rend difficile l'organisation de notre venue. Nous sommes directement en lien avec une association Sénégalaise mais nous trouvons peu d'information sur Internet, seulement l'article et le site que nous avions vus au moment de prendre contact il y a un an.

Thibault : « *Je fais d'autres recherches sur l'association sur google et là je vois marqué "définitivement fermé". Les doutes réapparaissent dans ma tête et je me sens désemparé. Comment devons-nous envisager la suite ? L'association existe-t-elle vraiment ?*»

Nous sentons que nous avons besoin d'être rassuré pour notre dernière étape du projet. Ayant déjà voyagé en Afrique auparavant nous savons que cela va demander plus d'énergie car les repères sont encore bien différents de l'Île Maurice et de la France. Nous sommes convaincus de l'intérêt de ce dernier projet pour notre documentaire que ce soit pour la culture africaine et musulmane mais aussi pour le projet sur l'insertion des personnes handicapées. Cependant, il s'agit du projet pour lequel nous avons le moins d'informations au départ. Encore une fois, nous espérons que le projet correspondra à nos attentes et que nous aurons la volonté de le valoriser ensuite. L'attente pour les réponses à nos mails nous paraît longue et le rendez-vous Skype n'a pas fonctionné. Nos interrogations se multiplient et nous savons que nous envisagerons les choses au fur et à mesure une fois sur place. C'est l'occasion pour nous aussi de reprendre contact avec un ami d'étude sénégalais. Une semaine avant notre départ, son appel nous rassure et nous serons accueillis le premier jour dans sa famille à Dakar.

Pour nos derniers jours à l'île Maurice nous profitons des derniers instants. Nous passons une soirée au terrain de foot de Tamarin avec les parents et bénévoles de l'association. Un bon moyen de voir tout le monde avant notre départ. La soirée est organisée par les parents.

Agathe : « *A notre arrivée à l'Île Maurice, lors de la première réunion, l'idée avait été lancée que les parents organisent une soirée. A ce moment-là, je n'ai pas senti un grand enthousiasme et je me suis dit que l'organisation allait être compliquée. Pourtant en arrivant à la soirée, avant notre départ, je suis impressionnée par l'implication qu'il y a eu. Le préau du terrain de foot où nous faisions nos animations est décoré. Il y a de nombreux plats à manger et des tas de boissons. Les bénévoles ont tous droit à un petit cadeau de la part des parents. Nous sommes contents de mettre ce cadeau dans notre sac. La musique nous permet de danser tous ensemble. »*

Lors de notre dernière animation jeux de société avec les enfants, nous sommes touchés par les remerciements de la famille d'une petite qui est venue à toutes nos activités. Nous avons reçu d'eux un souvenir de l'Île Maurice accompagné d'un mot nous remerciant d'avoir appris des choses à leur fille et d'avoir pris du temps pour jouer avec elle. Nous apprécions ce geste de reconnaissance.

Nous sentons que les derniers jours approchent et nous profitons aussi de derniers instants avec la famille créole. Nous passons des soirées pique-niques sur la plage ou encore une soirée dans le village de Tamarin avec un concert. Nous commençons à bien connaître les musiques après les avoir entendues deux mois. C'est le moment des au revoir et c'est avec beaucoup de nostalgie et de bons souvenirs que nous quittons la famille mauricienne.

Thibault : « *Je sens l'émotion monter au moment de dire au revoir à Dario, le petit frère de Joanito. C'est un sacré personnage ce Dario, toujours prêt à faire la fête et soucieux que tout aille bien. Habituellement le rigolo de la famille toujours prêt à taquiner ou à faire des blagues, cela me fait bizarre de le voir ému au moment de nous dire au revoir. Ses larmes en disent long sur le lien que nous avons créé ensemble en seulement deux mois. Il nous dit de nombreuses choses très touchantes et nous informe qu'il veut être le parrain Mauricien de notre premier enfant. Une remarque symbolique mais qui montre que lui aussi veut garder ce lien entre nous.* »

Nous leur sommes vraiment reconnaissants pour leur accueil et leur joie de vivre. Nous leur faisons la promesse que nous reviendrons un jour et nous espérons vivement que ce souhait se réalise.

# 7

# S'intégrer ensemble au Sénégal

## Du 10 décembre 2017 au 13 janvier 2018

### Le partenaire : Handicap Form Educ Louga

Depuis 2004, l'association Handicap Form Educ s'investit pour soutenir et accompagner les personnes en situation de handicap en Afrique, plus particulièrement au nord du pays, dans la ville de Louga et ses alentours.

### Le projet : L'insertion des personnes en situation de handicap

Les actions culturelles permettent une insertion sociale et la sensibilisation à la discrimination à laquelle font face les personnes handicapées au Sénégal. Pour cela, une troupe de danse, avec des artistes ayant différents handicaps, participe à des événements culturels. Les actions de formation favorisent une intégration socioprofessionnelle. L'idée est d'offrir une opportunité professionnelle en valorisant les compétences acquises lors des formations. Les actions de communication servent à sensibiliser sur le handicap. Ainsi, Ibrahima, le président de l'association, anime tous les mercredis une émission de radio sur cette thématique.

*

Nous profitons encore une fois d'une escale de quelques jours à Madrid. Cette fois-ci avec le froid et les rues piétonnes surpeuplées de personnes qui font leurs courses de Noël. Grâce à une erreur du site internet pour notre réservation d'hôtel, on nous propose de séjourner dans un hôtel quatre étoiles au même prix que notre petite chambre que nous avions réservée mais qui n'est plus libre. Au moment de débarquer à l'hôtel luxueux avec nos sacs à dos et nos habits usés par le voyage, nous voyons que le réceptionniste se questionne mais nous accueille avec humour. Nous vivons trois jours, dans un autre univers, en grand décalage avec notre voyage. Mais nous apprécions cette pause confort, notamment le buffet à volonté du matin où nous apprécions chaque saveur.

De retour à l'aéroport de Madrid, le stress se mélange à l'appréhension. Notre arrivée, en pleine nuit, dans la grande ville de Dakar, commence à nous embarrasser. Tout était bien organisé, mais nous savons depuis quelques jours que nous allons atterrir dans le nouvel aéroport de Dakar ouvert juste la veille de notre arrivée. Comme il se trouve à une cinquantaine de kilomètre, il faudra trouver un taxi à deux heures du matin pour rejoindre notre destination au centre de la capitale. Une fois arrivés dans ce nouvel aéroport au Sénégal, inutile alors de parler d'organisation, c'est un grand bazar général et on sent bien que rien n'était prêt pour l'ouverture. Un nouveau stress s'installe au moment d'arriver à la récupération des bagages.

Thibault : « *je remarque tout de suite l'immense tas de bagages qui se trouve face à nous. Je regarde alors pour voir si nos bagages y sont. Mais en y regardant de plus près je comprends que ce sont des bagages perdus de la veille. Le stress monte d'un cran et je n'attends qu'une chose, voir nos bagages arriver tranquillement sur le tapis. La trappe s'ouvre, une alarme se met en route et seulement deux bagages passent et ça recommence encore et encore. Après une heure et demie d'attente j'ai le sourire aux lèvres en voyant nos sacs à dos enfin arriver. »*

Quelle entrée en matière, ça promet pour ce mois au Sénégal ! Nous devons alors faire le change d'argent pour pouvoir payer le taxi mais comme l'aéroport est neuf rien n'est encore mis en place. Dès notre sortie, les deux seuls blancs que nous sommes, nous devenons vite repérables et nous sommes vite le cousin ou l'ami invité à prendre tel taxi. Nous essayons donc de négocier et finalement après plusieurs minutes on comprend que les taxis jaunes n'ont pas le droit d'être là et qu'il faut que l'on prenne un taxi officiel. On en trouve finalement un, prêt à nous emmener jusqu'à la famille de Baye Cheikh, un ami d'étude d'Agathe.

Arrivés à la maison de la famille, nous saluons son papa et son frère qui nous invitent à aller nous coucher, il est trois heures du matin.

Agathe : « *Même avec la fatigue accumulée, la nuit est difficile. Je me réveille souvent en me de-*

*mandant où je suis. Je sens que ça commence à me*
*perturber de changer sans cesse d'endroit. Au réveil,*
*j'ouvre les rideaux et c'est tout un univers que je dé-*
*couvre. Lors de notre arrivée en pleine nuit, les rues*
*étaient désertes. Ce matin, à la fenêtre, j'admire cette*
*nouvelle ambiance avec les enfants qui jouent dehors*
*dans la rue ensablée, les mamans habillées avec des*
*tissus colorés, des calèches qui passent transportant*
*des personnes ou marchandises, la mosquée qui ré-*
*sonne et des chèvres et poules qui sont en liberté.* »

Ensuite, nous faisons la connaissance de toute
la famille. Ils nous accueillent à bras ouverts comme
si nous étions de la famille. Ils se proposent de nous
aider pour faire le change de monnaie et nous expli-
quent qu'ici rien n'est facile. On comprend de quoi ils
voulaient parler au moment où nous nous retrouvons
en pleine rue pour échanger nos euros devant une
pharmacie. Ils nous aident pour plusieurs démarches
et nous permettent d'être prêts avant le lendemain
pour notre départ à l'association à Louga au Nord du
pays. Nous avons également la chance de pouvoir
échanger avec eux lors des repas ce qui nous permet
de découvrir un tas de choses sur le pays. Pendant nos
échanges, nous apprenons également que la sœur
d'une des membres de la famille, connait Ibrahima, le
président de l'association chez qui nous serons pendant un mois. C'est un grand soulagement pour nous
car, vu le peu d'échanges que nous avons eu avec lui
avant notre arrivée au Sénégal, on se posait des questions sur l'existence de cette association.

Départ comme prévu le lendemain pour Louga, où nous arrivons après trois heures de route et un dépaysement total une fois encore. Nous voici devant l'association en milieu de journée. Nous sommes tout de suite accueillis par Ibrahima, le président de l'association, et nous voilà immédiatement soulagés après ce premier contact. Nous partageons un premier repas avec lui et sa deuxième femme Fatou et organisons avec eux la semaine à venir avec notamment nos animations du « bagage à partage » pour les enfants du quartier. Dès le lendemain, nous rendons visite aux institutions avec lesquelles travaille l'association.

Thibault : *« J'ai tout de suite apprécié tous les échanges que l'on a pu avoir avec Ibrahima. Je me sens libre dans nos discussions que ce soit sur la religion, le contexte ou les coutumes locales. Des temps très simples mais qui parfois s'avèrent pesants. Je sens, en effet, au fil des discussions, qu'Ibrahima a de grandes attentes concernant notre venue et qu'il se met lui-même une grosse pression. Un contexte qui va amener quelque chose de très, voir trop, officiel. Il veut nous présenter au préfet et au Maire et il nous informe que les autorités ont été averties de notre venue. Il me dit que c'est parce qu'ici ça doit se passer comme ça. Je l'informe alors immédiatement que cela ne nous intéresse pas et n'est pas l'objet de notre projet. Je redéfinis alors clairement avec lui les objectifs de l'association et notre mode d'implication, qui ne sera ni financière, ni politique mais fondée sur un échange humain entre nous. »*

La transition de l'Ile Maurice au Sénégal est brutale et nous sentons la fatigue, accumulée au cours de cette année de voyage, commencer à peser sur nos organismes. Notre patience n'est plus la même qu'au début et nos ressources, il est plus difficile d'aller y puiser. Il faut dire que le choc culturel au Sénégal est bien présent et que l'on est confronté à une multitude d'incompréhensions et de contretemps qui nous demandent de l'énergie.

Le manque de confort se fait sentir, le fait d'être l'étranger dans un lieu sans tourisme n'a plus la même saveur que ce que l'on a pu ressentir au Vietnam.

Agathe : « *Au moment de découvrir notre chambre, je suis à la fois contente de poser enfin les sacs pour un mois et à la fois déconcertée quand je découvre le lieu rudimentaire dans lequel nous allons séjourner. Au moment de poser mon sac au sol je vois plein de moustiques qui volent et pas de moustiquaires. Je sais qu'au début du voyage j'aurais pris cela comme une expérience mais à cette étape de notre périple je sens que le manque de confort joue sur notre fatigue générale. Toutefois, une fois une moustiquaire installée, une table et des chaises ajoutées, je sens que je prends vite des repères et des habitudes avec notre nouvel environnement. Je m'habitue donc à remplir le seau pour la chasse d'eau, ne pas faire attention aux insectes et souris qui passent dans la chambre, me laver à l'eau froide, mettre de l'antimoustique chaque soir, vivre avec le bruit ambiant et les prières jour et nuit. »*

Lors de notre première semaine nous commençons à découvrir une des actions de l'association : la formation en transformation des céréales locales. L'association propose des formations pour les personnes handicapées ou valides afin d'acquérir des compétences et connaissances. Pour ce groupe de formation, il s'agit principalement de femmes. Nous assistons donc à la transformation des céréales locales, comme le mil et le maïs, avec les femmes membres de l'association. Nous participons et observons chaque étape de la transformation. La farine de mil ou de maïs est travaillée de différentes manières pour obtenir des petites et grosses graines pour des plats locaux. C'est à ce moment que nous comprenons comment se font les graines de couscous. Nous essayons également de nous familiariser avec le rythme sénégalais et la productivité locale. Un système bien loin de nos rythmes occidentaux et de nos cadences de production industrielle. En participant avec eux, nous trions les graines à la main et prenons notre temps pour chaque étape (tri, transformation de la farine en graine, cuisson, séchage).

Thibault : *« Je commence à sentir le décalage et le poids du rythme local auquel je n'arrive pas à m'adapter. Je commence à m'impatienter face à la lenteur avec laquelle ils exécutent les tâches. La matinée va du petit déjeuner au repas qui peut avoir lieu à seize heures. Le temps du thé peut ensuite durer trois heures, et ainsi devenir l'activité principale de la journée. On se retrouve alors très rapidement pour le repas du soir. Le lendemain, on se lève pour une nouvelle journée à l'association et une transformation de céréales locales est prévue cette fois-ci. A mon lever, Ibrahima m'informe que c'est annulé car les femmes ont une réunion le matin chez lui à deux pas de l'association. Je ne comprends pas pourquoi il me dit ça alors que la réunion finit avant l'heure du début de la production prévue. Je comprends en discutant avec lui que c'est parce que c'est l'activité de la journée qui a changé, la réunion est maintenant l'activité quotidienne et la production n'est donc plus possible. Ça me semble incohérent avec ma vision française mais c'est bien la raison qu'il me donne. »*

Ibrahima nous invite enfin après plusieurs jours passés à l'association à sortir et ainsi découvrir Louga. Nous partons finalement en fin de journée et la nuit tombe quand nous arrivons dans une arrière-cour. Ibrahima nous explique alors que nous allons rencontrer le propriétaire des locaux de l'association. Nous ne comprenons pas grand-chose à la discussion mais comprenons que c'est un peu tendu entre eux même si comme à leur habitude ils gardent le sourire. Finalement en repartant Ibrahima nous explique que c'était pour négocier un délai de retard de paiement du loyer et on comprend assez vite que notre venue permettait de justifier que l'association allait pouvoir payer bientôt. Un petit stratagème dont on se serait bien passé. Nous avions hâte de découvrir Louga mais finalement nous n'avons rien vu. Nous savons que nous sommes dans une zone non touristique et dans le discours des membres de l'association, nous comprenons qu'il est préférable de ne pas sortir seuls. Ne voulant pas prendre de risque à la fin de notre voyage, nous suivons les conseils. Nous évitons donc de sortir mais nous nous sentons très vite enfermés dans le centre de l'association, même s'il y a une petite cour extérieure. Après une semaine seulement, la belle-sœur d'Ibrahima, nous fait visiter la ville et nous voyons vite que nous ne passons pas inaperçu et les regards sont braqués dans notre direction. Nous ne savons pas évaluer s'il est vraiment dangereux pour nous de sortir seul car les gens ont un regard insistant mais ne sont pas malveillants, au contraire certains viennent nous saluer.

Nous partageons chaque repas avec Ibrahima, sa deuxième femme Fatou et d'autres membres de l'association. C'est à chaque fois un bon moment pour échanger. Un moment où nous mangeons tous au sol autour d'un même plat. Nous apprécions de pouvoir échanger librement et poser toutes nos questions sur la culture sénégalaise, la religion musulmane, la polygamie et aussi la vie des personnes handicapées au Sénégal.

Agathe : « *Un soir, Ibrahima se confie sur son handicap dû à la polio. Il avait des difficultés à marcher et suite à une opération, son état a empiré et aujourd'hui il se déplace avec des béquilles. Je suis touchée par son discours et je comprends pourquoi il met autant de détermination pour améliorer la vie des personnes handicapées. Il nous avoue qu'il ne fait plus attention à son handicap et en prend seulement conscience quand il se voit dans un miroir. A chaque repas, je suis d'ailleurs toujours surprise de le voir se relever du sol en s'aidant des béquilles. »*

Nous démarrons nos animations avec beaucoup d'impatience car on doit avouer que le rythme local, très lent, commence à vraiment nous peser. Une première animation démarre avec une dizaine d'enfants puis finalement les enfants arrivent par groupe de dix et nous nous retrouvons à devoir improviser avec environ trente cinq enfants dans la petite cour ensablée de l'association. La deuxième animation sera plus facile avec un groupe de jeunes adolescents parlant français avec qui nous organisons une séance éducative autour de la carte du monde.

Petit à petit au fil des jours, la tension monte et nous sentons la déception qui commence à prendre le dessus dans nos têtes. En effet ces temps d'animation cachent un manque de visibilité sur ce que fait l'association. Cela fait en effet plusieurs jours qu'il ne se passe pas grand-chose et nous nous rendons compte au fil des discussions avec Ibrahima que nous n'arrivons pas à nous comprendre. Il nous affirme qu'ils sont dans une période importante de productivité sur l'année qui contraste vraiment avec notre vision et le manque d'activité pourtant très visible.

Thibault : « *Je commence à vraiment me questionner sur ce que l'on peut valoriser et filmer sur ce projet étant donné qu'il ne se passe aucune activité au centre. Après notre conversation avec Ibrahima, ces préoccupations ne quittent plus mes pensées quand je vois que rien ne bouge »*

Le lendemain nous nous rendons à la radio locale pour assister à l'émission qu'anime Ibrahima. Nous mettons beaucoup d'espoir dans cet instant qui peut nous ramener dans une dynamique positive après nos discussions avec Ibrahima la veille. Nous arrivons devant la porte de la radio et là on se rend compte qu'elle est fermée.

Agathe : *« Je sens que j'ai besoin d'être rassurée sur les attentions de l'association. On se retrouve devant la porte fermée de la radio, c'est une étape de trop qui me fait perdre confiance et patience. Le fait d'avoir vu très peu d'actions depuis notre arrivée m'interroge sur l'association. La déception et le doute s'installent. Est-ce qu'on nous mène en bateau ? Perdons-nous notre temps ? Est-ce que l'association existe vraiment ? Je monte, agacée, dans le taxi, pour rentrer au centre, et j'exige que nous fassions un point pour se dire les choses. »*

Nous relançons donc une discussion avec Ibrahima et lui expliquons nos doutes et nos craintes. On ne le sent pas très compréhensif et sentons qu'il commence à se justifier en inventant des choses. Le doute s'installe de plus en plus dans nos têtes et nous commençons à nous interroger sur les actions de l'association. Nous lui proposons donc de réorganiser le programme prévu et de faire un point sur ce que nous allons filmer. Au fil de la discussion, l'échange s'apaise et nous comprenons que nous devons partir de zéro, et expliquer ce qu'est un documentaire. Nous ne pourrons valoriser que ce que l'on aura vu, il est donc important de nous montrer ce que fait l'association, et ne pas juste en parler. Après cette discussion nous comprenons que nous n'étions pas partis sur les mêmes bases. Nous comprenons que l'association mène aussi beaucoup d'actions ponctuelles et que tout ne se passe pas dans le centre. Nous prenons aussi conscience du contexte africain bien différent de tous les autres pays où nous avons vécu cette année. A notre grand soulagement, nous arrivons enfin à nous comprendre et à repartir sur une bonne dynamique de partenariat.

Nous organisons donc ensemble une journée dans les villages ruraux aux alentours de Louga et parcourons les pistes pour rendre visite aux membres de l'association qui ont suivi les formations en couture.

Thibault : « *Arrivés dans le village, nous revoyons Sala chez elle. Il s'agit d'une membre de l'association atteinte elle aussi de la polio. Je me sens soulagé de la voir en action et de pouvoir filmer quelque chose de concret. Je sens alors l'impatience d'aller rencontrer les autres membres de l'association pour être conforté encore un peu plus.* »

Nous allons donc au village de Manet qui est handicapée moteur. En arrivant nous avons le sourire. Nous découvrons alors qu'en plus de son activité de couture, elle forme à son tour des jeunes au métier. Juste à coté de sa petite maison, il y a une hutte en terre battue avec un toit en paille. Sur le pallier de la porte nous découvrons l'atelier où cinq apprenties sont en action. Il y a peu d'espace mais c'est très bien organisé pour que les cinq apprenties aient chacune sa machine à coudre.

Le lendemain, nous continuons la visite dans un autre village à quelques kilomètres de Louga.

Agathe : « *Une fois au village, je vois Awa-fall, une femme valide, que nous avons déjà croisée plusieurs fois au centre de l'association pour la for-mation sur la transformation des céréales locales. En arrivant devant chez elle, je comprends pourquoi elle est en lien avec l'association. Je fais la rencontre de son fils atteint d'une insuffisance motrice cérébrale. Elle nous montre son nouveau four qu'elle a pu avoir grâce à l'aide de l'association et qui permet de vendre des madeleines et d'avoir un peu d'argent pour les frais de santé de son fils.* »

Deux belles journées qui nous font redécou-vrir l'association et surtout nous font passer à autre chose après les discussions tendues que nous avons eues avec Ibrahima. Nous avons maintenant hâte de voir la suite et de continuer dans le concret.

Pour continuer sur cette dynamique positive, Ibrahima nous propose d'assister à la soirée du festival local (FESNAC). Dès notre arrivée au stade de Louga nous sentons vite une atmosphère particulière. Nous voyons beaucoup de monde et nous ne sommes pas très à l'aise au moment de demander l'autorisation de rentrer devant une grille sensée filtrer les passages.

Thibault : « *Ibrahima arrive enfin à rentrer, je laisse alors passer les autres membres de l'association qui sont venus avec nous et là la grille se ferme juste devant moi. On se retrouve, Agathe et moi d'un côté et Ibrahima et les autres de l'autre. Petit moment de panique ! Mais Ibrahima fait tout de suite en sorte de nous laisser rentrer. Cela dure quelques secondes mais cela me semble une éternité, coincés comme nous sommes entre la grille et une foule de personnes qui nous poussent.* »

Nous voilà finalement enfin dans le stade, où nous attendons le début des festivités et essayons de trouver des chaises pour que les personnes handicapées qui nous accompagnent puissent s'asseoir. Nous en trouvons mais les organisateurs nous demandent de les laisser libres pour la presse. On commence à comprendre la situation des personnes handicapées ici. Nous changeons donc d'endroit et essayons de trouver de nouvelles places en vain, nous attendrons debout avec Ibrahima.

Agathe : « *Après une heure d'attente, je vois un homme qui s'assoit devant nous et, sur une autre chaise, il pose son instrument de musique. Je suis sidérée de voir qu'il ne propose pas la chaise à Ibra-*

*hima qui est juste à côté de lui debout sur ses bé-*
*quilles. C'est à ce moment-là que je prends réellement*
*conscience des difficultés que rencontrent les per-*
*sonnes handicapées. Rien n'est fait pour faciliter leur*
*vie, bien au contraire. »*

Nous finissons par trouver enfin un banc. Cela
fait maintenant trois heures que nous attendons et
nous voyons un tas de voitures circuler sur le stade,
c'est le ministre de la culture qui arrive. On vient de
comprendre que c'est lui que nous avons attendu pendant trois heures. Les festivités peuvent enfin commencer avec une organisation vraiment très
approximative. Le présentateur parle tout le long du
spectacle, même pendant la musique. Il appelle la
sécurité toutes les cinq minutes et les journalistes cachent la vue à l'ensemble des personnes présentes en
bas du stade. Bref une sacrée expérience mais que l'on
n'a pas envie de revivre de sitôt.

Nous continuons de filmer pour le documentaire et mettons en place les interviews. Comme dans
d'autres pays, la gestion du bruit est compliquée.
Nous devons parfois recommencer plusieurs fois les
interviews à cause des chèvres, des poules, des
klaxons, des camions ou de la mosquée.

Agathe : « *Je propose de faire une interview*
*avec Issa, une personne sourde et muette de*
*l'association. Je la questionne et je lui demande quel*
*est son plus beau souvenir. Ibrahima me traduit*
*qu'elle n'a que des souvenirs tristes. Je me sens gênée*

*par ma question mais pourtant elle continue l'interview avec le sourire. »*

Lors d'un week-end, Ibrahima nous propose de participer à un mariage. C'est avec plaisir que nous souhaitons vivre l'expérience. Nous comprenons vite que nous assistons à un mariage religieux et non festif. Les traditions ne sont pas les mêmes. Lors de la soirée, les hommes et les femmes sont séparés.

Agathe : « *Je pars avec les femmes, dans la maison de la mariée. Nous arrivons dans un lieu mal éclairé, où tout le monde est réuni sous un barnum avec la sonorisation au maximum. Je voudrais me faire toute petite mais je sens que je suis vite regardée avec ma peau blanche et les habits locaux qu'on m'a donnés pour l'occasion. On me fait signe de danser. Je regarde les autres pour savoir comment faire car ce n'est pas de la musique mais des versets religieux qui sont chantés en boucle par des hommes. Après plusieurs heures au milieu du barnum, les chants s'arrêtent et nous poursuivons la soirée. Je vois Thibault, en compagnie de l'Imam avec qui il discute bien. Nous nous installons tous au milieu de la cour de la mariée, hommes et femmes. Après la soirée très bruyante, c'est maintenant un moment très silencieux où chaque personne prononce des intentions à la mariée. Encore une fois je voudrais me faire toute petite mais je suis malheureusement prise d'une quinte de toux et je n'arrive pas à m'arrêter. Je voudrais sortir mais je suis bloquée au milieu des invités. Quelqu'un fini par aller me chercher une bouteille d'eau. Une fois la fête terminée, je rentre à l'arrière d'un pick-up avec les autres femmes. Je comprends en rentrant que Thibault, lui, a passé toute sa soirée à attendre. »*

La date de noël approche, nous retournons à Dakar dans la famille de Baye Cheikh car les parents et la sœur d'Agathe nous rendent visite pour plusieurs semaines. Un voyage planifié depuis un moment et qui était vraiment une source de motivation pour nous deux. Nous sommes alors contents de savoir que nous pourrons leur faire partager l'expérience à Louga après avoir retrouvé un climat plus apaisé avec Ibrahima et l'association. Une belle occasion également de pouvoir partager plus de temps avec la famille de Baye Cheikh qui nous accueille une nouvelle fois chaleureusement.

Nous profitons de la venue de la famille pour visiter pendant quelques jours différents lieux du pays. La famille de Baye Cheikh nous trouve alors un taxi avec qui nous allons faire l'ensemble de ces visites et avec qui nous allons sympathiser. Abdoulaye fait bien plus que nous emmener sur les différents lieux de visites. Il s'improvise notre guide et nous échangeons beaucoup avec lui, toujours dans la même humeur, même quand il arrive une heure en retard le matin en venant nous chercher. Nous partons donc visiter le lac rose, l'île de Gorée et les marchés de Dakar sur trois journées bien remplies.

C'est d'ailleurs Abdoulaye qui va nous ramener jusqu'à l'association à Louga le jour suivant.

A notre retour à Louga, un accueil particulier nous attend. Les membres de l'association sont tous présents et font une haie d'honneur. Un panneau est posé au milieu de la cour. Nous saluons tout le monde et Ibrahima dévoile le panneau, il s'agit d'une affiche avec en grand la photo des parents d'Agathe pour nous souhaiter la bienvenue.

Agathe : « *Je sens qu'Ibrahima met beaucoup d'importance à bien accueillir ma famille. Nous posons rapidement les sacs et Ibrahima nous emmène devant une salle du centre. Nous voilà à nouveau devant un autre panneau blanc. Que va-t-il nous dévoiler ? Nous découvrons, entouré des membres de l'association, une affiche avec la photo de mes parents, ma sœur, Thibault et moi. Au-dessus il est écrit "salle de conférence Verhille". Il s'agit du nom de ma famille. Ibrahima nous explique qu'il inaugure cette salle en notre honneur.* »

Nous gardons tous notre sérieux même si nous avons envie d'en rire face à cette annonce très officielle et un peu surjouée. Nous nous sentons à la fois mal à l'aise mais en même temps nous ne leur en voulons pas car on sent bien que c'est fait avec gentillesse et que le coté officiel fait partie de la culture.

Le soir même, la famille d'Agathe est vite plongée dans l'ambiance locale avec un festival de percussion qui a lieu juste devant la maison d'Ibrahima.

Thibault : « *Agathe et moi attendons ce moment avec impatience car nous savons que nous allons enfin pouvoir filmer la troupe de danseurs handicapés. Je commence à sentir le stress monter en voyant que le démarrage prend du retard, la nuit commence à tomber. Le festival commence enfin mais c'est une autre troupe qui démarre. Voici enfin le tour de la troupe de l'association, il fait encore suffisamment jour mais c'est limite et là d'un coup j'entends la mosquée, tout se stoppe. La nuit tombe et les danseurs redémarrent dans le noir, je suis déçu je n'ai rien pu filmer.* »

Le lendemain nous apprenons que la troupe de danse se produit dans un autre quartier : nous décidons donc d'y aller sans hésiter. Après un appel d'Ibrahima à l'organisateur, c'est la troupe de danseurs handicapés qui démarre, les prises de vue s'enchainent alors que nous avons le sourire aux lèvres.

Agathe : « *Assis au milieu des enfants du quartier, j'admire à nouveau la troupe de danse des handicapés. Je me sens émue par leur prestation car ils dégagent une belle énergie et un beau message pour les personnes en situation de handicap.* »

Le festival de danses de quartier continue et nous profitons aussi des autres troupes de danses. Nous voyons arriver la troupe des Belges que nous avions déjà rencontrés avant. Dans leur tenue traditionnelle, ils se mettent en ronde pour leur danse. Au moment où l'accordéon et les danseurs commencent, tout le monde éclate de rire. Ce n'est pas pour se moquer mais c'est le contraste entre les danses africaines et la ronde Belges qui nous fait partir nous aussi, dans un énorme fou rire.

Nous avions réalisé l'ensemble des interviews avant l'arrivée de la famille d'Agathe, mais finalement après les réajustements que nous avons dû faire les jours précédents nous devons revoir le contenu et décidons donc de réinterviewer Sohibou, un des membres de l'association. Nous continuons aussi les animations avec les enfants et adolescents qui sont toujours au rendez-vous. Nous leur faisons découvrir des jeux et nous proposons divers temps d'échanges avec les collégiens qui parlent français.

Nous profitons également de la venue de la famille d'Agathe pour passer du temps entre nous à visiter Louga et notamment ses différents marchés.

Nous avons toutefois encore un impératif même si nous avions fait un maximum avant leur arrivée, il s'agit du rendez-vous à la radio qui avait été annulé.

Nous partons donc tous ensemble avec Ibrahima, assister à son émission de radio. Cette fois-ci, l'émission a bien lieu et nous sommes vraiment impressionnés par le discours d'Ibrahima qui n'hésite pas à dire les choses et qui questionne directement les politiciens. On le sent engagé et nous ressentons alors vraiment l'importance de son action et l'importance de notre présence pour valoriser ce qu'il fait. Un super moment qui nous rassure sur le fait d'avoir insisté pour nous comprendre. Nous profitons du temps qu'il nous reste sur la journée pour visiter l'hôpital et notamment le centre orthopédique.

Le trente et un décembre arrive et nous comprenons que fêter le nouvel an n'est pas une tradition dans l'entourage d'Ibrahima. Nous leur proposons toutefois, de se joindre à nous, pour attendre minuit et partager tous ensemble un repas. La soirée est détendue et nous avons conscience que nous vivons un nouvel an pas comme les autres. Nous proposons un dessert et des jus de fruits pour changer de l'habitude. A minuit, nous souhaitons la bonne année autour de nous en faisant la bise, un geste que l'on fait très occasionnellement au Sénégal. Tout le monde se prend au jeu des embrassades, et c'est avec deux feux d'artifices que nous nous souhaitons la bonne année.

Pendant notre séjour, nous visitons également l'ensemble des projets en cours de l'association avec le terrain de maraîchage et le projet de valorisation des déchets plastiques. Il s'agit de deux projets qui nous ont fait réfléchir sur le financement de projets en Afrique. Ibrahima, nous expose les objectifs des différents projets qui semblent très intéressants mais qui n'ont pas encore vu le jour car l'aide n'était pas suffisante et complète. Au moment de visiter le terrain de maraîchage nous admirons le grand puits qui a été creusé. Mais il ne sert pas car rien n'a été mis en place pour monter l'eau. L'association ne peux pas investir dans une pompe. Pour ce qui est de la valorisation des déchets, la machine a été achetée et est aujourd'hui rangée dans un local car il n'y a jamais eu le soutien promis pour les branchements électriques. Ce n'est pas seulement un soutien matériel qu'il faut proposer à l'association, c'est aussi tout un accompagnement pour rendre chaque projet viable et durable. Malgré les beaux projets proposés et qui n'ont pas encore vu le jour depuis des années, Ibrahima continue à se bouger pour son association. De notre côté, cela nous questionne sur l'aide mal organisée qui peut être proposée et qui donne beaucoup d'espoir au peuple africain. Comme le dit Ibrahima, le développement de l'Afrique doit se faire par les Africains. Au final, est-ce que le rythme et la vie occidentale est une envie des Africains ? Des échanges qui nous laissent beaucoup de questions sur le développement de l'Afrique.

Nous organisons ensuite deux nouvelles journées de visites au Nord du pays, à Saint Louis et sur les dunes de Lompoul pour une balade en dromadaire. Les parents d'Agathe repartent le lendemain alors que sa sœur nous accompagne encore une semaine jusqu'à notre départ. Pour le départ des parents d'Agathe, Ibrahima propose d'organiser une soirée. A ce moment-là, nous avons tous peur de vivre une soirée très officielle avec des longs discours. Nous sommes vite soulagés au moment où nous entendons les percussions. Nous passons une belle soirée festive avec les membres de l'association et la famille d'Ibrahima.

Agathe : « *Nous participons à une soirée spectacle où l'animateur nous explique différentes traditions. C'est comme ça que je me retrouve à devoir récupérer avec ma bouche un petit bâton dans les cendres. C'est ensuite au tour de ma sœur, et nous comprenons que le bâton n'est pas facile à prendre à cause de la chaleur sur le visage. Mais pourtant nous sommes autour d'elle en train de l'applaudir et l'encourager. Ensuite, ils nous font passer chacun notre tour pour tester des pas de danses africaines. Ça me fait sourire de voir mes parents embarqués dans cette démonstration. Un beau moment de partage.* »

Le départ des parents est marqué par une grande émotion d'Ibrahima qui craque devant nos yeux juste après leur départ. Une émotion qui montre toute sa sincérité et l'importance qu'il a donné à notre venue.

Nous profitons de notre dernière semaine sur place pour nous rendre utiles et nous leur proposons de faire un grand nettoyage et un grand rangement pour mettre en avant les produits réalisés lors des différentes formations qu'ils ont faites au centre (sacs en tissus, paniers, sachets de céréales, teinture).

Thibault : « *J'en profite également pour leur faire un site internet et pour expliquer à Ibrahima le fonctionnement de la page Facebook de l'association. Je suis alors touché de voir à quel point il donne de l'importance à ce que j'ai fait et suis heureux de finir sur cette très belle note.* »

Le jour du départ arrive. Nous quittons Louga à la fois émus et inquiets pour l'association. Par rapport aux autres projets de l'année, nous sentons que cette association a besoin d'un soutien particulier pour être encouragée à continuer. C'est avec une grande accolade et des larmes que nous nous quittons. C'est Abdoulaye, notre chauffeur de Dakar, qui vient nous chercher pour cette dernière ligne droite jusqu'à l'aéroport.

# Epilogue

Après un an, loin de la France, nous sentons une grande satisfaction d'être allés jusqu'au bout. Malgré tous les imprévus, et les contretemps, mais aussi grâce à tous ces merveilleux moments, nous sommes heureux d'avoir vécu cette année si particulière que nous ne sommes pas prêts d'oublier. Nous avons retrouvé la famille et les amis et c'est une nouvelle vie, avec un retour en Autunois Morvan, qui commence. Notre film documentaire "ENSEMBLE" et ce livre nous permettent de garder un pied dans cette belle année et nous permettent aussi de témoigner auprès de tous, des beaux projets et des belles rencontres humaines qui existent dans ce monde. Nous savons qu'il existe encore des milliers d'autres initiatives positives, ici ou ailleurs.

Ce projet a aussi la volonté de prouver qu'en partant de rien, d'une simple envie, nous pouvons atteindre nos objectifs. Avec de la motivation, nous pouvons donc bien croire qu'il est possible de réaliser nos rêves.

Nous avons décidé de créer ce documentaire et ce livre tout simplement pour positiver, pour donner des idées, pour agir, pour réaliser ses rêves et ses projets, pour croire en l'humain, tous simplement pour donner envie de construire des choses ENSEMBLE.

# Remerciements

Un grand merci à toutes les associations qui nous ont accueillies et fait découvrir leur projet. Merci pour leur confiance.

Un grand merci à toutes les familles qui nous ont logés lors des projets, avec qui nous avons pu échanger qui nous ont fait découvrir leur culture.

Un grand merci à notre entourage qui a cru en notre projet.

Un grand merci au Conseil d'Administration de notre association La Vie des Autres qui nous a suivi et accompagné tout au long du projet.

Un grand merci à M Bordes et nos autres relecteurs pour leurs heures de correction afin d'améliorer notre retour sur cette année d'itinérance solidaire.

Un grand merci à vous lecteur, pour vous être plongés dans notre aventure à travers ces pages.

Pour plus de détails sur les projets des associations et pour plus d'image, vous pouvez visionner le documentaire « Ensemble » de l'association La vie des autres, sorti en 2019.

www.laviedesautres.org

# Table des matières

# Le Cocon

*Ateliers conviviaux*     *Tricot*

*Théâtre*     *Arts plastiques*

*Chant*     *L'anniversaire...*

...du Cocon

Travaux manuels

Jeux coopératifs

Jeux du Monde

Soirée de départ

# Jardins partagés

*Au coeur du quartier*                    *jardinage*

*convivialité*                    *un coin de verdure*

*des instants culturels*                    *l'entraide*

# Vietnam

Slalom à Hanoï

Nourriture locale

Pagodes

La brume de Sapa

Repas avec La, notre guide

Baie d'Halong

*Nouvel an à Hoi An*

*Lok, Thiem, Hyen, Lucas*

*...api Hlé, mamie Hyip*

*Maison communale*

*Tradition de la jarre*

*La jarre et sa mesure*

*Journée au bois*

*Véhicule local*

*Travail aux champs*

*Transport de cochon*

*Cabane des pauses du midi*

*Feu dans les champs*

*Traversée avec les vaches*

*Julia et Julianne*

*Hnet*

*Approche avec le frisbee*

*Animations jeux ...*

*avec les enfants*

*Agathe et Hyen*

*Thibault et Thiem*

*Difficile transition à HoChiMinh*

*Marché flottant*

# Cambodge

Tuk Tuk

Singe en ville

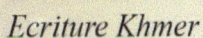

Ecriture Khmer

Phnom Penh

Détente sur la côte sud

*Sihanoukville*

*Chiphat*

*Logement à Chiphat*

*Mondulkiri*

*Les temples d'Angkor*

# Equateur

Quito, la capitale

Quilotoa

Banos ...

et ses activités

Salinas de Guaranda

Arrivée festive

*Toreador*

*Sachets infusions*

*Fils de laine*

*Fabrique de ballons*

*Jeux sur la place*

*Antonio Polo*

*Petit village Matiavi*

*Ecole de Chazojuan*

*Jeux à Texsal*

*Jeux avec les personnes âgées*

*Formation ESS\**

*Sud de l'Equateur*

\* *Economie Sociale et Solidaire*

# Pérou

Lima

Coucher de soleil, Paracas

Pingouins, réserve de Paracas

Oasis, Ica

Cusco ...

centre historique

*Assemblées de la bibliothèque ...*      *et du dortoir*

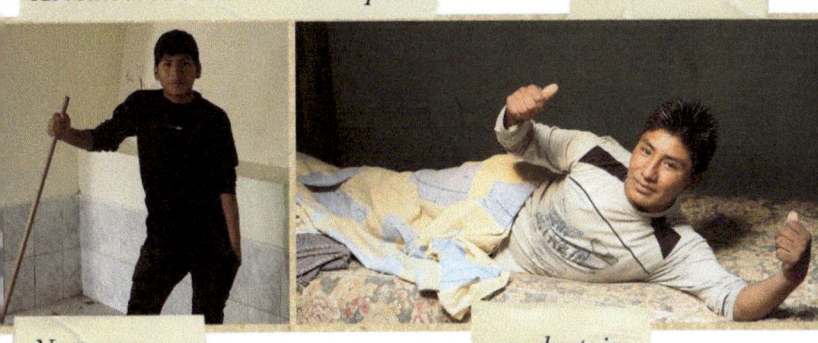

*Nettoyage ...*      *au dortoir*

*Jeux du bagage*      *La bibliothèque*

*Le parachute, jeu coopératif*

*Nicolas, boulangeri*

*Hector, menuiserie*

*La vallée sacrée, Pisac*

*Salines de Maras*

*Ollantaytambo*

*Le Machu Picchu*

*Chinchero*

*Création de boomerangs*

*Sorties ...*

*le samedi*

*Difficile ascension de la montagne...*     *aux 7 couleurs*

*Départ du dortoir*     *L'amazonie ...*

*avec de belles rencontres*     *Lac Titicaca*

# Bolivie

La Paz

Cochabamba

Christ de Cochabamba

Les bénévoles ...

et la cantine d'Olla de la Madre

*Salar d'Uyuni*

*Sud Lipez et ses lagunes*

*Les mines de Potosi*

*Les places centrales avec les vendeurs de ju*

# Ile Maurice

*Culture Hindou*                    *Bus au Morne*

*Famille de Juanito*

*Le Morne*

*Atelier d'éveil ...*

*avec des jeux*

*Réunion avec les parents*

*Activités sportives ...*

*dans les clubs*

*Nos animations ...*        *à l'intérieur*

*en plein air*        *avec le parachute*

*Visites avec les parents de Thibault*        *Détente*

*Masque et tuba*　　　　　　　*Parc de l'île*

*Future école*　　　　　*Soirée avec les familles*

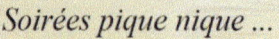

*Soirées pique nique ...*　　　　　*et concerts*

# Sénégal

L'ambiance à l'arrivée          Fatou et Ibrahima

ransformation de céréales          Repas partagés

Les enfants pour les jeux          Ibrahima se confie

*Animations jeux*

*Groupe d'adolescent.*

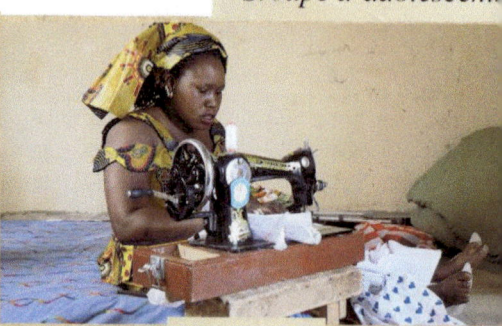

*Visite dans les villages*

*Chez Sala*

*Les jeunes en formation*

*Awa et ses beignets*

*Lac Rose*

*Abdoulaye, «Taximan»*

*Marchés de Dakar*

*Ile de Gorée*

*Festival de percussions*

*Arrivée à Louga Panneau d'inauguration*

Troupe de danseurs handicapés          Et les belges

Couleurs du marché          Saint-Louis

Désert de Lompoul avec la famille d'Agathe